sobinfluenciaedições

7	Apresentação para a edição brasileira
11	Nota a quem lê
12	I. Nossa verdade
19	II. A época global como identidade entre capitalismo e realidade
37	III. O copertencimento entre capital e poder
46	IV. As duas faces da realidade: o espaço-tempo global e a multirrealidade
62	V. A mobilização global como fundamento
77	VI. A necessidade de uma mudança de paradigma
83	VII. A democracia: uma articulação de Estado-guerra e fascismo pós-moderno
101	VIII. O poder terapêutico
109	IX. A nova questão social: o mal-estar
130	X. A força do anonimato
148	XI. Por uma política noturna

Para Ícar e Amanda.

Apresentação para a edição brasileira

Em 2009, ano da primeira publicação do *Breve tratado para atacar a realidade*, a tese principal defendida no livro pressupunha uma verdadeira provocação. Na época, afirmar a imbricação entre realidade e capitalismo era algo inaceitável, inclusive considerado reacionário, porque parecia impedir qualquer forma de resistência. Se considerarmos que a consequência mais importante dessa afirmação é que a vida – nossa própria vida – é uma prisão, podemos compreender um pouco o desconforto que o texto poderia suscitar. Deve ficar claro, no entanto, que em nenhum momento foi dito que toda luta era inútil ou impossível. Ao contrário, o que foi sustentado era que as auto-ilusões são inúteis, se realmente desejamos romper a impotência e ir além. Daí a proposta de uma política noturna que não estivesse em dívida com horizontes redentores ou formas de representação política. A articulação entre a interioridade comum/força do anonimato/espaços de anonimato sintetiza experiências históricas recentes e, também, aponta para a radicalização da vida comum enquanto caminho alternativo à política clássica.

É difícil negar que atualmente o desenvolvimento do capital tem se acelerado ainda mais. O capital não somente se identifica tendenciosamente com a realidade, mas também devora a Terra e ataca com tudo ao seu redor. Em uma publicação de 2019 escrevemos: "Para não ver que o neoliberalismo arde pelos quatro cantos do mundo, o Estado-guerra só pode estar encarregado de arrancar os nossos olhos" (*El Pressentiment*, n. 88, 2019). Esta frase acompanha uma interminável lista de atrocidades: Equador: 8 mortos, 1.340 feridos, 1.192 presos; Chile: 200 mutilações oculares, 24 mortos, 200 feridos; França: 11 mortos, 2.500 manifestantes feridos, 25 mutilações oculares, 3.000 pessoas presas. A pandemia do coronavírus cortou pela raiz esse movimento crescente de resistências. Algo sem precedentes repentinamente aconteceu: um terço da população mundial foi confinada em suas residências. As teorias conspiratórias são muito pobres e desinteressantes. Mais vale se ater aos fatos, e eles são muito claros. A crise sanitária acelerou a corrente fascista imanente ao capitalismo, e isso de duas maneiras. Em primeiro lugar, o crescimento massivo das formas de controle e de vigilância por meio do uso de novas tecnologias: geolocalização, reconhecimento facial, passes de saúde. Em segundo lugar, por meio da transformação das formas de trabalho, uma vez que a *internet* e os celulares são dispositivos que distendem e prolongam o tempo do sequestro pelo trabalho. Ao mesmo tempo em que ocorria esse apagamento dos movimentos de resistência, um processo de despolitização foi iniciado, culminando na construção de um simulacro por nós assimilado com base no medo da morte. Não é necessário lembrar como a extrema direita foi capaz de se aproveitar disso para abrir um vácuo político em benefício de si mesma, apropriando-se das ideias de liberdade e de transgressão.

Nós, que rejeitamos radicalmente este mundo, não conseguimos acreditar que o Estado, ou melhor dizendo, os Estados de tantos países, estavam desorientados e na defensiva. Falhamos em ver, nesse parênteses da vida, uma possível bifurcação. Alguns dos conceitos centrais do *Breve tratado para atacar a realidade* tornaram-se mais relevantes. O Estado-guerra se materializou em toda sua brutalidade. De mãos dadas com o poder farmacológico, impôs as medidas mais impensáveis de controle social. Em alguns países, como o

Brasil, por outro lado, a maioria da população foi abandonada à sua sorte, por meio da manipulação política. O conceito de mobilização global tornou-se mais verdadeiro do que nunca: existe mobilização maior do que confinar 7,8 bilhões de pessoas, de acordo com os dados da ONU? E ainda assim, o confinamento – embora terrível em suas consequências econômicas, especialmente para aqueles que precisavam sair às ruas para sobreviver –, ao interromper a vida comum, abriu as portas da prisão da vida privada: vale a pena viver a vida que tenho? Essa vida na prisão, que consiste em uma gestão ininterrupta para evitar ao máximo a precariedade e a miséria. O confinamento também revelou, caso alguns tenham esquecido, a verdade da luta de classes. Alguns podem se proteger. Outros se expõem à morte, pois não há outra saída, por serem trabalhadores considerados "essenciais".

O medo e a desconfiança ganharam terreno, ainda que em determinados lugares houvesse provas da ajuda mútua para além do Estado.

Eles têm o dia, nós temos a noite. Porém, uma política noturna não chegou a se concretizar. Certamente, a descrença no que estava acontecendo arrebentou a bolha da obviedade. No entanto, o teatro da verdade foi logo povoado por *fake news*. Então percebemos que o desejo de viver é um desafio maior do que ameaçar com a morte, como faz o fascismo. Ao terminar de escrever estas linhas, o governo francês anuncia que pretende banir um movimento político chamado *Les soulèvements de la terre*. Há alguns dias, 30.000 manifestantes agrupados com o objetivo de bloquear a construção da barragem de Sainte-Soline, um projeto que visa monopolizar a gestão da água, foram brutalmente reprimidos por 3.200 soldados, 9 helicópteros, diversos drones, carros blindados e fuzis, que dispararam armas químicas com DNA sintético para identificar posteriormente os manifestantes. Não é preciso mencionar que uma centena de pessoas ficaram feridas, mutiladas ou foram presas. O capitalismo asfixia a Terra e morrerá matando-a.

A força da dor potencializa o desejo de viver.

Nota a quem lê

Esta nota não é um prólogo. O texto que aqui se apresenta, na medida que desdobra um conceito de realidade absoluta – a realidade unificada com o capitalismo, que já não tem lado de fora e, além disso, pretende-se atemporal – não pode ter texto prévio. Ou, se tivesse, seria um simples comentário anterior. A nota é mais um aviso. A escrita aqui adotada permite reunir os fenômenos mais diversos dentro de um discurso unitário e total. Esse discurso é uma ficção, mas toda ficção tem efeitos de realidade, e se ainda houvesse sentido falar em termos de cientificidade, a operação filosófica e política aqui efetuada reclamaria para si a cientificidade que confere à necessidade interna. Em virtude dessa necessidade interna, e previamente conquistada uma verdade da qual se pode falar, se desenvolve a realidade em sua processualidade. Queremos acreditar que o que se ganha é suficiente para que a aposta valha a pena. Este texto tem a vontade de explicar tudo. Certamente sabemos que no mais essencial sempre há uma pobreza e um esquematismo inerente. Por essa razão, dizer que este texto é um croqui para se orientar na realidade e contra ela, é algo muito verdadeiro. Trata-se de um croqui que outros podem ampliar ou especificar, ou simplesmente apagar para inventar um diferente.

Desejamos vivamente que isso ocorra.

I. Nossa verdade

1. *Somente a rejeição total da realidade mostra sua verdade. Somente o rechaço total do mundo nos diz a verdade deste mundo. Mas o gesto radical de rejeição já não é o gesto moderno que, após a destruição, anunciava e preparava um novo recomeço. Não há começo absoluto porque a* tabula rasa *não nos deixa frente a nenhuma verdade absoluta. A rejeição total da realidade nos oferece unicamente "uma" verdade da realidade. Essa é a nossa verdade.*

O gesto de rechaço total da realidade inaugura um pensamento crítico que nada tem a ver com o possibilismo[1]. O pensamento crítico não se perde nos detalhes, capta as tendências principais, e sobretudo, não se prende ao que existe. Por outro lado, o pensamento possibilista leva sua abordagem abrangente da realidade tão longe que se curva diante dela. O pensamento possibilista não desafia, se adapta; não contradiz, consente. Incapaz de furar a realidade, o pensamento possibilista é simplesmente o espelho que nos devolve a ilusão do aparente. Por essa razão, é tranquilizador. E, entretanto, existe um possibilismo que, sabendo-se assim, permanece válido.

O rechaço total da realidade abre o caminho que nos permite pensá-la. No entanto, pensar a realidade não é conhecê-la. Conhecer significa reduzir sua complexidade e simplificar,

---

[1] Nota da Editora: O possibilismo foi uma corrente de pensamento derivada do movimento socialista francês e liderada por Paul Brousse. Brousse se opôs aos marxistas, propondo uma teoria reformista que fosse capaz de direcionar a atividade política cotidiana para alcançar objetivos que, segundo ele, eram concretamente atingíveis, em detrimento de objetivos revolucionários.

para poder dominar melhor. Nós não necessitamos de nada para conhecer a realidade. A verdade em que vivemos – nossa verdade – não é derivada de conhecimento algum, e sim de um sentimento de raiva.

O rechaço total da realidade não deve se confundir com o gesto destrutivo e, ao mesmo tempo, inaugurador da modernidade. A modernidade converte a *creatio ex nihilo*, baseada no poder onipotente de Deus, em uma criação enquanto obra do homem como sujeito. Mas antes dessa reconstrução do mundo, precisa acontecer sua aniquilação, já que toda origem absoluta requer, previamente, uma *tabula rasa*. Somente assim é possível uma nova fundamentação, a dedução absoluta do mundo. No fundo, até mesmo em Descartes, o que ocorre é que sempre se trata de um observador isolado e único, que produz a partir de si mesmo seu objeto de conhecimento.

A rejeição total da realidade nos dá a verdade do mundo e, ao mesmo tempo, nos coloca na verdade. Depende de nós decidir se queremos habitar nela ou não. O que é certo é que não existe um caminho único para alcançá-la. Existem tantos caminhos como modos de começar a pensar. Nossa verdade não possui uma origem pura e imaculada, mas a escuridão da paixão.

Os filósofos não fizeram nada além de interpretar o mundo de diferentes maneiras, trata-se agora de inventar novas paixões.

2. A rejeição total da realidade não implica promover uma tabula rasa *para chegar a um começo absoluto, e sim uma* epokhé. *A* epokhé *consiste em colocar entre parênteses a atitude natural de aceitação do mundo. Essa* epokhé, *esse colocar entre parênteses nossa relação de adaptação à realidade, é realizado por meio do ódio. O ódio (livre) direcionado contra nossa própria vida.*

O rechaço total do mundo coincide com o ódio à vida. Mais concretamente: com o ódio à minha própria vida.

O ódio contra a minha própria vida é a efetuação da rejeição total do mundo. E traça uma linha de demarcação entre o que eu-quero-viver e o que eu-não-quero-viver. Porque odiar a própria vida é a única maneira de mudá-la. Esse ódio que liberta o querer viver da nossa vida que tenta aprisioná-lo é o ódio livre.

O ódio livre não tem nada a ver com odiar ao outro ou a si mesmo. Essas formas de ódio não libertam, apenas afundam-se no ressentimento e no medo. Porém, não podemos nos enganar. O ódio livre não é limitado à superfície da minha vida, ou seja, não é dirigido meramente contra a forma de vida concreta que levo. Assim, seria apenas uma expressão de insatisfação. O ódio livre não permanece na superfície, ele penetra na insatisfação. Por isso se dirige contra minha própria vida, contra a vida que levo, a vida que é minha.

O ódio livre contra minha vida torna concreta a rejeição total do mundo. Como se sabe, o processo de medição na física subatômica tem como consequência a função de onda, que descreve a partícula (segundo a equação de Schrödinger) se reduzindo a uma só possibilidade, entre todas que poderia ter. Na física, essa contração, que corresponde à detecção da partícula, denomina-se "redução do pacote de ondas". Pois bem, o ódio livre atua de modo semelhante em relação ao mundo. Ao introduzir a linha de demarcação entre o que eu--não-quero-viver e o que eu-quero-viver, é como se estivesse realizando um processo de redução. A vida passa a ser minha vida, o mundo passa a ser meu mundo. Ao rejeitar a minha própria vida, estou rejeitando o mundo.

A lógica de funcionamento do ódio livre é a unilateralização. A unilateralização como proposta ético-política consiste em reafirmar o ódio livre em relação à minha própria vida. De forma concreta, a distinção minha vida/o que não é minha vida, ou mais exatamente, "o que eu quero viver"/"o que eu não quero viver" se aplica novamente e indefinidamente sobre um lado dessa dicotomia – minha vida. O resultado é um processo de reintrodução da distinção sobre si mesma que inevitavelmente leva a uma vida esvaziada de medo. A unilateralização expulsa o medo.

A unilateralização é o operador essencial do pensamento crítico. O olhar unilateralizador abre a realidade. Como um procedimento que serve para pensar o mundo, a unilaterização se fundamenta em um compromisso com o querer viver, bem como no uso da distinção amigo/inimigo. A aposta no querer viver elimina qualquer ambiguidade nesse mesmo querer viver, uma vez que tem por base dois pressupostos (que o determinam): 1. o "Nós" é mais importante do que o "Eu"; 2. a vítima não se confunde com o torturador.

O olhar unilateralizador – que não é unidimensional – constrói a realidade com que se depara em cada caso. Em outras palavras, não pressupõe uma realidade objetiva exterior. Nesse sentido, pode-se dizer que se insere em uma corrente de pensamento construtivista. Entretanto, há uma diferença essencial: a unilateralização substitui a observação. Para o construtivismo, de fato, toda realidade é construída pelo observador que a observa, uma vez que ela não existe de forma independente. Por outro lado, toda observação é uma operação que possui dois componentes: a) a distinção ou diferença; b) a indicação ou designação. Observar supõe empregar uma distinção, e depois indicar um dos lados ou membros desta diferença como base para a análise posterior. A observação tem na diferença seu ponto de partida e, ao mesmo tempo, seu ponto cego. A diferença dentro/fora, que dá origem à teoria geral dos sistemas, é a mais utilizada. O resultado é, entretanto, conhecido. A teoria geral dos sistemas constitui uma abordagem conservadora da realidade, uma vez que prioriza a estabilidade do sistema em todos os momentos. Luhmann, com seu modelo de sistema autopoiético aplicado à sociedade, desenvolve com absoluta coerência esse "olhar observador", e é o melhor exemplo do que dissemos. A unilateralização é certamente construtivista, mas não se confunde em absoluto com a observação. Na observação, a diferença inicial projetada sobre a realidade é tratada como uma unidade, como um retorno à própria ordem. O que frequentemente leva a uma apologia do Todo.

O olhar unilateralizador desfaz o Todo, afundando toda unidade em um jogo de forças. Mas isso não significa que ele caia na tentação de defender uma diferença livre, isto é, uma distinção puramente unilateral.

O ódio livre, o olhar unilateralizador sobre o mundo, começa separando da minha vida o que eu-não-quero-viver, continua rompendo os relacionamentos que me aprisionam, e precisa terminar produzindo categorias políticas que estejam à altura do nosso tempo. O olhar unilateralizador perfura a realidade e nos permite respirar.

No começo de tudo está o ódio (livre), mas, por trás dele, existe o querer viver. O querer viver que o ódio livre nos devolve. A rejeição total do mundo não é fruto de uma decisão surgida do nada, mas de uma aposta no querer viver que, no entanto, não tem fundamento algum.

> 3. *A verdade da realidade que o ódio livre nos oferece é muito simples: "A realidade é a realidade". A verdade da realidade é a sua tautologia. Por trás dessa tautologia*

existe o processo histórico de identificação entre o capitalismo e a realidade que se desenvolveu durante esses últimos trinta anos. A tautologia da realidade declara nossa própria derrota.

O ódio livre direcionado contra minha própria vida se inscreve no mundo tal como ele é. O querer viver posto no mundo, porém enfrentando o mundo. O rechaço total da realidade nos diz a verdade da realidade: para o querer viver, a realidade é sempre tautológica.

Ao odiar radicalmente minha própria vida, expulso todos os autoenganos possíveis. Então, nesse parênteses, descubro a verdade da realidade. Em outras palavras, o ódio reduz o mundo à sua unicidade e a realidade à sua tautologia.

Para o pensamento formalista, uma tautologia é vazia e carece de sentido, uma vez que a repetição do termo não adiciona nada novo. Para o pensamento crítico, pelo contrário, uma tautologia pode chegar a ser a expressão de uma verdade, já que nela se encerra um processo consumado. Este é o nosso caso. O processo histórico que a tautologia da realidade expressa é o processo de identificação entre capitalismo e realidade. É porque a realidade chegou a coincidir com o capital que "a realidade é a realidade". O mundo está fechado porque é totalmente capitalista, e é capitalista porque está completamente fechado.

A tautologia da realidade, em que "a realidade é a realidade", diz o que durante anos foi ocultado, o que nos recusamos a ouvir: "a classe trabalhadora foi derrotada". O movimento trabalhador, que trazia consigo um mundo novo, foi destruído. A tautologia da realidade é a constatação terrível de nossa derrota. É sua declaração. E declarar a derrota era necessário, era a única maneira de abrir um caminho libertador. Porém, é chegado o momento de deixá-la para trás, pois a derrota se converteu em uma obviedade. A extensão brutal da jornada de trabalho, a precarização da vida, tudo isso nos lembra constantemente dela. Nosso objetivo não deve ser mais proclamar a derrota, mas afirmar que é possível lutar. Diante da impotência de uma derrota que não foi completamente aceita, devemos erguer a voz para gritar que sim, é possível continuar lutando.

A tautologia da realidade, que é a forma como o querer viver se confronta com o desenvolvimento capitalista em sua consumação, implica a existência de uma circularidade única na qual tanto a vida quanto a produção participam. Hoje em dia, a vida se (re)produz na medida em que a ambivalência do querer viver foi destruída, e este funciona dentro do Mesmo. Por sua vez, a produção capitalista é completamente autorreferencial, ou seja, produção pela produção. A circularidade da vida e da produção capitalista estão entrelaçadas. Isso, em última instância, é o que significa tautologia da realidade.

A identificação entre capitalismo e realidade tem como efeito converter a vida em autêntica forma de domínio. Mas, se a vida funciona como uma verdadeira forma de domínio, a própria vida se transforma em um campo de batalha. Hoje, a vida é o campo de batalha.

Que a realidade é tautológica porque o capitalismo e a realidade se identificaram é a verdade que nos custa aceitar. Essa verdade constitui, no entanto, nosso ponto de partida. Por isso não devemos estranhar que o olhar do querer viver sobre o mundo seja desesperado. Profundamente desesperado. Mas o desespero deve tornar-se cólera; do contrário, existe o perigo de que o desespero se converta em cinismo ou na ingenuidade temerosa da bela alma.

II. A época global como identidade entre capitalismo e realidade

4. *A identificação entre capitalismo e realidade sinaliza o começo da época global em que nos encontramos. Essa identificação é a consequência de uma Grande Transformação iniciada no final dos anos sessenta, com o objetivo de consumar a derrota política, econômica e social da classe trabalhadora, para assim poder iniciar um novo ciclo de acumulação capitalista. A época global converte em obsoleto o debate entre modernidade e pós-modernidade.*

A época global não deve se confundir com a existência de uma economia globalizada. Certamente, é verdade que hoje "pela primeira vez na história do homem, qualquer coisa pode ser produzida em qualquer lugar e vendida em todos os lugares"[2]. Mas isso não é o essencial. O verdadeiramente importante é que na época global o capitalismo e a realidade coincidem. A época global é, antes de mais nada, um ponto de chegada. O resultado de uma Grande Transformação que colocou fim à aliança histórica entre Estado de bem-estar, capitalismo e democracia, e que desarticulou a classe trabalhadora enquanto sujeito político. Nessa dinâmica de dissolução, a intervenção das novas tecnologias é fundamental. A Grande Transformação nos leva a um mundo fechado, sem exterior.

A época global rompe com a modernidade, e não é meramente uma radicalização da modernidade, como alegam

---

[2] THUROW, Lester Carl. *O futuro do capitalismo*. Rio de Janeiro: Rocco, 1997.

alguns autores[3]. A perda do controle sobre as nossas vidas, a nova individualização, entre outras questões, podem ser entendidas como consequências da radicalização da modernidade, mas essas "consequências" não são o que caracterizam essencialmente a época global. A referência do discurso pós-moderno à "ruptura" ou à "dispersão", mesmo em sua formulação materialista como pós-fordismo, também é incompleta. O pós-fordismo, com sua flexibilidade, é apenas um anúncio e uma preparação para a era global que se aproxima.

A concepção clássica da modernidade sustenta que a modernização consiste em um processo endógeno, obra da própria razão. Além disso, constrói uma imagem racionalista do mundo, o que implica a dualidade sujeito/objeto e, portanto, uma distância (D) entre o homem e o mundo. O discurso pós-moderno, por sua vez, suprime essa distância (D) ao situar o homem completamente dentro de um mundo cultural feito de signos e linguagens a-históricas. Na época global, a distância D oscila entre zero e infinito. Há ausência de mundo e, ao mesmo tempo, superabundância dele. Tudo é dispersão e, simultaneamente, existe uma unidade perfeita, já que todo processo é, agora sim, verdadeiramente endógeno. A complexa (e nova) inter-relação entre local e global deriva disso.

A época global vem se construindo no transcurso dos trinta anos posteriores à crise de legitimação dos anos setenta. A globalidade como propriedade do mundo se manifesta desde o princípio, claramente, em uma fenomenologia conhecida: livre circulação de capitais, crises financeiras mundiais, deslocalização das empresas, estado de guerra permanente... Existe, todavia, um acontecimento que é o verdadeiro revelador da

---

[3] Ver especialmente a contribuição de Giddens em BECK, U., GIDDENS, A. e LASH, S. *Modernização reflexiva*: política, tradição e estética na ordem social moderna. São Paulo: UNESP, 2012.

globalidade: o atentado de 11 de setembro de 2001[4]. Este acontecimento nos anuncia a entrada na época global. O acontecimento 11-S também coloca fim ao debate acerca da modernidade e pós-modernidade. Por um lado, a política moderna entra em crise; por outro lado, o mundo dos simulacros vem abaixo graças a um excesso de realidade.

O discurso pós-moderno, com sua crítica da realidade em si mesma, abria uma porta ao pensamento crítico, embora essa porta tenha sido fechada imediatamente. Evidentemente, a uma realidade estilhaçada já não se pode aplicar simplesmente a grade moderna luz/escuridão, que guiou desde sempre todo processo de revelação. O limite do discurso pós-moderno reside, entretanto, em contemplar a realidade como neutra, a partir de uma neutralidade política voluntária. Em outras palavras: o discurso pós-moderno tinha a possibilidade de passar de um paradigma da emancipação social em crise para um paradigma da subversão social. Mas não o fez. E não o fará, porque preferiu acomodar-se, converter-se em moda, refletindo a realidade ao invés de atacá-la. Em troca, lhe faltava muito pouco. O "pensamento da realidade" que tratava de impulsionar teria que descer dos céus e ser situado na época global.

O discurso pós-moderno era insuficiente por falta de radicalidade. Sabia somente se aproximar da realidade enquanto realidade estilhaçada, portadora de pretensas promessas. Assim, não podia falar das *chances* que a dissolução da realidade produz, bem como da liberdade que a *internet* nos oferece[5].

---

[4] Para uma análise pormenorizada, Cf. PETIT, Santiago López. *El Estado-guerra*. Barcelona: Hiru Argitaletxea S. L., 2003.

[5] Essas oportunidades, essa "liberdade de jogo", são expressões que encontramos em muitos autores pós-modernos, mas que não lhes pertencem senão como reflexo do que a pós-modernidade, enquanto nova era e nova sensibi-

Seu olhar, entre cínico e melancólico, nunca poderia anunciar algo novo. O objetivo em relação ao discurso pós-moderno é, então, claro: a realidade deve ser pensada na era global. Fazer isso implica um deslocamento: pensar a realidade na era global significa pensar na própria realidade global. David Lyon tem uma frase magnífica que resume perfeitamente o que já não podemos aceitar: "A modernidade não nos conduz a parte alguma. E a consequência é nossa condição pós-moderna"[6]. A pós-modernidade é nossa condição mas, na atualidade, essa condição se tornou moralmente inadmissível. Mais diretamente, quando o capitalismo (neoliberal) ameaça a existência da própria humanidade, se regozijar no jardim pós-moderno é desprezível. No entanto, proclamar a cidadania universal ou falar de democracia radical, e querer continuar o projeto da modernidade como se nada tivesse ocorrido, é simplesmente ilusório e indecente.

Pois bem, o que afirmamos é que chegamos em uma nova época global, na qual o debate modernidade/pós-modernidade está superado. Mais precisamente, o debate ficou encurralado porque tanto o projeto moderno quanto o discurso pós-moderno são inúteis. Pensar a realidade na época global é se aproximar da globalização, e isso requer uma nova caixa de ferramentas conceituais. Entretanto, existem aportes do discurso pós-moderno (a ausência de fundamentos, a dispersão…) que são agora irrenunciáveis.

A época global, ao nos confrontar com o fato de que "só existe um mundo", acentua ainda mais a nossa impotência. A impossibilidade de fazer intervir um outro mundo torna

---

lidade, pressupõe. A pós-modernidade não se reduz ao debate entre modernidade/pós-modernidade, é algo muito mais importante. Por isso, afirmamos que existem contribuições do discurso pós-moderno que continuam válidas.

[6] LYON, David. *Pós-modernidade*. São Paulo: Paulus, 1998.

a crítica deste muito difícil. Isso não quer dizer que o pensamento crítico necessariamente tenha que oferecer "alternativas". O que estamos dizendo é que a era global torna a política moderna impossível.

> 5. *Quando a realidade é única porque se confunde com o capitalismo, nesse mesmo momento a realidade se manifesta de muitas maneiras. A homonímia da realidade significa que todas as formas históricas do capitalismo existem simultaneamente em uma mesma e única realidade. Essa quebra da realidade a torna uma realidade múltipla e complexa que é vivida como um retorno ao estado de natureza. Existem duas leituras desse estado de guerra, uma reacionária, outra de esquerda. O erro da leitura de esquerda reside em permanecer prisioneira de um modelo causalista simplista.*

Se há uma sensação que perpassa a atualidade é a de uma profunda incerteza. A incerteza está presente em todos os níveis. O planeta azul segue seu caminho solitário pelo universo, embora possa um dia se tornar um caixão gigante. A sociedade é cada vez mais um nome simples que abrange uma multiplicidade de comportamentos sociais, itinerários e destinos individuais. O homem, por seu turno, abandonado a si mesmo, está condenado a lutar sozinho para não se afundar na exclusão. Incerteza, então, vivida como permanente insegurança: medo de perder o trabalho, medo de envelhecer, medo porque não sabemos o que será dos nossos filhos... Essa insegurança que sobrevoa nossa existência como uma nuvem negra não só nos mostra a vulnerabilidade na qual estamos submetidos, mas nos lembra que somos perfeitamente dispensáveis. Estamos sozinhos frente ao mundo. Ou, o que é o mesmo, interiorizamos o que os nossos governantes nos repetem: "a sua situação depende unicamente de você mesmo". E acreditamos que é correto. Nós mesmos temos que nos tirar do buraco ou, dito em palavras próprias da cultura empresarial, temos que nos autoavaliar continuamente. Contra nós, contra companheiros da minha equipe, contra trabalhadores de outros países que competem para fazer a mesma produção, embora recebendo menos. Incerteza que gera insegurança, insegurança que produz medo. Medo do outro que é como eu, porque é como eu. Medo do outro que é estrangeiro, porque não é como eu. Surgem formas de sociabilidade perversas (gangues, *hooligans*, etc.), proliferam comportamentos racistas e xenófobos. Identidades políticas anseiam por um Estado. O inimigo se esconde por trás da babá que balança o berço. O inimigo que fala árabe espera escondido por anos. Ao esgotamento do possível, sucedeu uma autêntica irrupção de possíveis. Na guerra tudo é possível. O estado de natureza se estende como um mar enfurecido até nos envolver por completo.

    Como ler essa realidade complexa e incerta? Como interpretar o mundo e seu estado de guerra? Existem dois discursos principais que correspondem a interesses completamente opostos. Por um lado, aquele que vê por trás do estado de natureza um choque de culturas. Por outro, o que vê uma guerra global. Não é preciso dizer que o primeiro está associado ao nome de Samuel P. Huntington. E o segundo, defendido por um amplo banco de pensadores ligados ao chamado movimento antiglobalização. Para o pensador americano, durante a Guerra Fria os conflitos tinham raízes de ordem econômica e ideológica. Com a queda da URSS e o desaparecimento do bloco comunista, ao invés de o Ocidente prevalecer, surgiu um mundo plural composto por diferentes civilizações. Dessa forma, produziu-se uma indigenização cuja manifestação mais clara seria o ressurgimento da religião. Esse choque cultural se manifesta nas fronteiras entre civilizações. Da balcanização da ex-Iugoslávia à divisão dos Estados Unidos entre dois povos, duas culturas e dois idiomas, como consequência da imigração latina. Essa leitura reacionária do estado de natureza se apoiaria na existência de múltiplos desafios ao Ocidente: o desafio demográfico (em 2025 mais de 25% da população mundial será muçulmana), o desafio econômico (em 2025 a Ásia terá sete das economias mais fortes do planeta), etc. É o final de uma era de progresso; agora adentramos uma era na qual as civilizações irão competir entre si, uma vez que essa indigenização coloca em crise os princípios éticos e os valores universais. Não é necessário enfatizar o quanto essa interpretação, que negligencia completamente explicações econômicas e políticas, é simplista. Trata-se de uma verdadeira mistificação construída para servir aos interesses dos Estados Unidos. O choque de civilizações justifica qualquer tipo de intervencionismo, já que o que está em jogo é a chamada civilização ocidental. No entanto, situar o conflito no plano da cultura tem – como veremos mais à frente – uma parcela de verdade.

A leitura de esquerda do estado de natureza sustenta que estamos em plena guerra global. Tal guerra abarcaria um *continuum*: desde as múltiplas guerras antiterrorismo existentes na atualidade (Afeganistão, Iraque…) até à guerra cotidiana contra os imigrantes e, por extensão, contra todos que buscam lugares para viver e não podem, necessariamente, pagar por isso, contra trabalhadores que precisam baixar seus salários se não quiserem ver sua empresa sendo deslocada para outro local… Como se sabe, por trás dessa guerra global estaria a globalização neoliberal. Essa globalização construiria um mundo essencialmente injusto, no qual uns ganham e outros perdem. Existem dois modos principais de abordar essa questão. Um deles pode ser economicista, como faz, por exemplo, Samir Amin, para quem os objetivos do capital têm sido sempre os mesmos: expansão de mercados, pilhagem de recursos naturais, etc., de tal maneira que o capitalismo enquanto sistema mundial se polariza necessariamente em centro/periferia. Essa lógica de polarização explicaria tanto as lutas sociais localizadas quanto os conflitos interestatais centrais e a diferenciação dentro das periferias, etc. A globalização neoliberal dirigida por um imperialismo coletivo – a tríade EUA/Europa/Japão – corresponderia a uma terceira onda de devastação do mundo[7]. Outro modo é uma abordagem política da questão, que destaca na globalização neoliberal especialmente o surgimento de uma nova forma de soberania. Essa soberania imperial mantém e regula a utopia capitalista do mercado mundial. O nome adequado para esse poder soberano, que hoje governa o mundo, seria Império[8]. O Império consistiria em uma máquina pós-moderna, um aparato descentralizado e desterritorializado cuja lógica de funcionamento se basearia na diferença e na hibridização. O resultado, e é isso que nos interessa sublinhar, seria a gênese de um espaço liso, resultado conjugado da mobilidade da força de trabalho e do capital. Sem entrar em maiores discussões, podemos afirmar que a primeira aproximação coloca a polarização sob o contexto de um espaço estriado, enquanto na segunda abordagem a polarização é colocada sob o contexto de um espaço liso[9]. Esta

---

[7] AMIN, Samin. *L'Empire du chaos*. Paris: L'Harmattan, 1991.
[8] NEGRI, Antonio; HARDT, Michael. *Império*. Rio de Janeiro: Record, 2006.
[9] DELEUZE, Gilles e GUATTARI, Félix. *Mil platôs*. São Paulo: Editora 34, 2017.

abordagem divergente tem certamente consequências políticas diferentes, uma vez que é muito distinto seguir pensando em termos de Estado-nação ou não. No entanto, o que é comum a ambas as posições é conceber a globalização como um processo central que, de alguma maneira, organiza o mundo. A leitura de esquerda do estado de natureza acaba por converter a globalização capitalista em uma causa. A causa que está por trás dessa fenomenologia só pode ser chamada de "Estado-guerra". Mas esse modelo de inteligibilidade do mundo (globalização neoliberal/guerra global), amplamente compartilhado, é altamente problemático. Por um lado, repousa em um modelo causal simplista demais. Multiplicar as facetas da globalização – e falar de globalização espacial, econômica, etc. – não resolve a questão. Por outro lado, a guerra aplicada a tudo não diz nada. Sua generalização esvazia seu conteúdo. A globalização neoliberal não é um processo irreversível, mas descontínuo, conflituoso e reversível. Mais exatamente: a globalização capitalista não é um processo, e sim um evento que se repete.

6. O capitalismo e a realidade coincidem porque um único acontecimento unifica o mundo ao conectar tudo o que acontece nele. Ou seja, em princípio, todos os acontecimentos hoje são reconduzidos a um único acontecimento. Esse acontecimento é a desenfreada expansão do capital. A globalização neoliberal, sinônimo de época global, nada mais é do que a repetição – uma repetição complexa por ser simultaneamente fundadora e desestruturadora – de um só e único acontecimento: a expansão do capital.

Tradicionalmente, o marxismo tem relacionado a crítica do capitalismo com a defesa de uma certa ideia de limite para o próprio desenvolvimento capitalista. Alcançar o limite seria precipitar-se em direção a seu próprio colapso. As hipóteses que teorizam esse colapso partem de duas concepções de crise: a crise de proporções ou a crise de subconsumo[10]. Na realidade, essa distinção não deixa de ser externa aos mecanismos da crise. Além da ampla e debatida fenomenologia da crise, existe uma afirmação de Marx que constitui um ponto de partida indispensável: "O verdadeiro limite da produção capitalista é o próprio capital"[11]. A superprodução de meios de produção e de mercadorias, que impede a realização da mais-valia, nada mais é do que um excesso de meios de produção que não são adequados para funcionar como capital. O capital não consegue se valorizar a uma taxa de lucros suficiente, logo, há superacumulação. Definitivamente, a produção capitalista é antinômica porque a produção é unicamente produção para o capital e não para a vida social. Essa antinomia, que torna o capital uma contradição viva, certamente não o conduziu à sua crise final. Parece que esse limite interno não atua propriamente. Deleuze e Guattari falam sobre isso como sendo a lei mais profunda do capitalismo: "[O capitalismo] não cessa de pôr e empurrar seus próprios limites, mas o faz com a condição de suscitar ao mesmo tempo outros tantos fluxos em todas as direções que escapam de sua axiomática"[12].

---

[10] MOSZKOWSKA, Natalie. *Per la critica delle teorie moderne delle crisi*: Introducción de S. Bologna. Turim, 1974.

[11] MARX, Karl. O capital. São Paulo: Civilização Brasileira, 1998.

[12] DELEUZE, G. e GUATTARI, F. *op. cit.*

O operaísmo italiano é o que melhor soube explicar esse "deslocamento do limite" ao analisar o estatuto político da luta dos trabalhadores. A força de trabalho é inserida na relação capital/trabalho não só como mercadoria, mas e acima de tudo, como força política. Ou seja, como classe antagonista e oposta. A classe trabalhadora, enquanto classe, produz o capital e, ao mesmo tempo, enquanto classe auto-organizada, pode deixar de produzi-lo. O capital precisa ser impulsionado pela própria classe trabalhadora (por meio de suas lutas, suas formas de resistência ao trabalho...), porque o próprio capital, por si só, não é progressista ou inovador. Agora se compreende a vulnerabilidade inerente ao desenvolvimento capitalista: o capital tem que resistir à pressão da classe trabalhadora, da qual, por outro lado, necessita em absoluto. Poderia-se afirmar que esse duplo caráter do proletariado – ser simultaneamente a negação e o motor do capital – é o que explica o deslocamento do limite e o que define o capital como crise. Enquanto tal, o deslocamento pode ser formulado a partir da tríade: luta da classe trabalhadora - crise - reestruturação (ou salto tecnológico).

Com a desarticulação política, econômica e social da classe trabalhadora protagonista do ciclo de lutas do final dos anos setenta, parece desaparecer esse antagonismo que, convenientemente reconduzido, servia de motor para o capital. Então, ocorre o inexplicável: o capital empreende uma marcha imparável em nível mundial. A globalização não pode mais ser explicada em termos de superação ou deslocamento de um limite. A globalização neoliberal, se é um "fenômeno irresistível"[13], o é porque está além do limite, e está além

---

[13] GIDDENS, Anthony. *Globalisation: an irresitibile force*. citado por PARISE, E. *Gli incerti sentieri della globalizzacione. Note di letteratura economica.* Filosofia Política, XIV, núm. 3, dezembro de 2000.

na medida que é um descontrole que se repete. Trata-se de pensar o acontecimento "descontrole do capital" como um modo de implantar a acumulação de capital.

Partimos da afirmação feita por Sandro Mezzadra e Agostino Petrillo, que também é a conclusão a que chegamos: "O capital parece ter se liberado da relação antagônica que historicamente o constitui, limita e condiciona"[14]. Trata-se de um bom resumo do que estamos chamando de descontrole do capital. Em termos de fatores, é simples elucidar aqueles que estão envolvidos: livre circulação de capitais, queda dos países comunistas, novas tecnologias. A desvantagem dessa abordagem é a exterioridade obrigatória, embora os efeitos sejam totalmente relevantes: decomposição das sociedades, desvalorização (não total) do Estado-nação, explosão das desigualdades, ingovernabilidade associada a uma desordem portadora de incerteza essencial. O descontrole do capital seria o acontecimento que, repetido, dá origem a toda essa fenomenologia. Mas como pensar nisso? Antes de mais nada, descartemos, embora por razões distintas, duas explicações bastante repercutidas. A primeira é aquela que afirma que, com a globalização neoliberal, a economia teria triunfado. Ou seja, que o capital teria se subtraído ao poder político. Essa tese é equivocada porque o Estado segue guiando a dinâmica capitalista, conectando e marginalizando. A segunda explicação defende que o descontrole do capital reside nas medidas concretas tomadas pelos mecanismos mundiais (FMI, BM, entre outros). François Chesnais, por exemplo, diz que o neoliberalismo tem início com o aumento das taxas de juros pela Federal Reserve dos Estados Unidos, em 1979, o

---

[14] MEZZADRA, Sandro; PETRILLO, Agostino. *Introduzione. I confini della globalizzazione* en *I confini della Globalizzazione*. Roma, 2000, p. 7.

que é qualificado como um verdadeiro golpe de Estado[15] pela violência política que comporta. Levar em conta essas decisões é necessário, mas o que precisa ser pensado é a dinâmica capitalista, em si mesma, diante de seu descontrole. Uma das maneiras seria introduzir o conceito de megamáquina tecnossocio-econômica, de Serge Latouche. Essa máquina anônima e impessoal já não seria dominável. Desenfreada, perseguindo a produção pela produção, a acumulação indefinida de capital, sua arrancada "uniformiza, desenraiza e, finalmente, destrói todo o político"[16]. Essa cibernética social aniquiladora pode se expressar mais exatamente nos termos de reacoplamento do dinheiro sobre si mesmo, como produção de mais trabalho abstrato a partir de trabalho abstrato. O capital é então – tal como dizem os membros da revista *Krisis* – uma máquina que tem seu fim em si mesma (*Selbstzweckmaschine*), uma relação tautológica e fetichista do trabalho abstrato consigo mesmo. Por trás da globalização capitalista existiria o capital enquanto "sujeito autômato" e, dado que essa afirmação se faz pela aceitação da teoria do valor, o horizonte do capital globalizado é necessariamente o da crise. Definitivamente, a crise se produz pela insuportável contradição entre o conteúdo da produção e a forma imposta pelo valor. A megamáquina dá conta de transformações do mundo, mas o faz de um modo naturalizado. No caso do "sujeito autômato", a restrição que supõe a vigência da teoria do valor impede o reconhecimento de mudanças verdadeiramente produzidas. O problema é, então, que a megamáquina ou o sujeito autômato, enquanto

---

[15] CHESNAIS, François. *A finança mundializada: Raízes sociais e políticas, configuração e consequências*. São Paulo: Boitempo, (2005)

[16] LATOUCHE, Serge. *La mégamachine*: razón tecnocientífica, razón económica y mito del progreso. Espanha: Diazpons Libros, 2016.

mecanismos, não servem para explicar como foi gerada essa realidade múltipla e complexa em que habitamos. Uma realidade múltipla na qual as estruturas que antes eram fixas e delimitadas estão se dissolvendo, ao mesmo tempo em que novas estruturas se estabelecem. Uma realidade cuja espacialidade combina o virtual e o atual, a estrutura e o fluxo, a proximidade e a distância. Essa é a mutação que Carlos Galli descreve: "Antes o espaço moderno era um espaço constituído por uma pluralidade de interesses e de ideologias. Hoje é complexidade inextricável"[17].

Das considerações anteriores, uma ideia certa permanece acima de tudo: a circularidade que se expressa na frase "produção pela produção". Essa autorreferencialidade da produção capitalista pode ser explicada a partir da relação causa/efeito. O efeito também é, por sua vez, a causa, na medida que existe uma retroalimentação. O que ocorre é que todos esses modelos cibernéticos ficam na superfície, já que não chegam a apreender a essencialidade do descontrole. No descontrole do capital, o acontecimento coincide com a própria repetição. Em outras palavras, o acontecimento é a repetição e a repetição é o próprio acontecimento. Temos que acrescentar, no entanto, um primeiro aviso. O descontrole do capital não é o único acontecimento com o qual todos os acontecimentos se comunicam. Isso ocorre porque existem ilhas que assumem a forma de desconexões, fugas e desocupações da ordem. Por isso é preciso dizer imediatamente que a repetição se desdobra. O descontrole do capital cria uma espacialidade paradoxal que requer duas repetições. Por um lado, uma repetição fundadora que estabelece divisões hierárquicas, construindo

---

[17] GALLI, Carlos. *Espacios políticos*: la edad moderna y la edad global. Buenos Aires: Nueva Vision, 2002.

um centro e uma periferia projetadas sobre o mundo. Por outro, uma repetição desfundamentadora que erode hierarquias produzindo dispersão e multiplicidade. O descontrole do capital implica ambas as repetições[18]. Trata-se, portanto, de uma repetição complexa. Necessário esclarecer que a repetição complexa não funciona como a iteração de algo que preexiste. É por meio dela – cada vez mais – que o co-pertencimento entre capital e poder se efetua.

O descontrole do capital é o acontecimento único que – repetindo-se a cada momento e lugar – unifica o mundo ao conectar tudo que nele acontece. No entanto, esse acontecimento não realiza a univocidade do ser, pois a repetição não é somente diferenciadora ou desfundamentadora. A repetição é fundadora, na mesma medida em que o capital é em si mesmo uma repetição da indiferenciação por equivalência, ou seja, da aplicação da lei do valor. O descontrole do capital, enquanto repetição complexa, resulta em um processo irreversível e totalmente desigual no seu desenvolvimento.

A globalização neoliberal é a repetição de um único acontecimento: o descontrole do capital. Entretanto, a percepção que temos do mundo se define pela imprevisibilidade. Hoje, na época global, temos a sensação de que "tudo pode ocorrer em qualquer momento, em qualquer lugar". Do início de uma guerra a um atentado, passando obviamente pela perda de nosso trabalho, caso o tenhamos.

As faces do descontrole do capital são múltiplas. Tanto que o modo de funcionamento do capitalismo pode se chamar de "acumulação por despossessão". Este é o termo que David

---

[18] Introduzir a ideia de uma repetição complexa é necessário se quisermos evitar cair em uma simplificação da espacialidade pós-moderna. Falar apenas do mercado mundial e, portanto, do espaço plano, é totalmente insuficiente.

Harvey[19] introduz para explicar o comportamento predatório das elites político-econômicas que, por meio de medidas econômicas especialmente privatizantes, desvalorização de ativos, abolição de programas sociais, etc. conseguem aumentar seus benefícios às custas dos pobres e das classes médias. Cingindo-se mais ao poder das finanças, François Chesnais[20] fala de um regime de acumulação financeira que não necessita de novas inversões reais, uma vez que se baseia em inversões desmaterializadas que se aproveitam de uma centralização por captação e depredação. Descontrole de capital significa, nesse sentido, uma acumulação sem verdadeiro investimento ou criação de novas capacidades produtivas.

Por trás do descontrole do capital está a ausência de limite do capital, o que pode ser expresso dizendo que "capital" significa imediatamente "mais capital". No entanto, esse ir além do limite não pode explicar o descontrole. O descontrole requer que o capital seja também "mais que capital". "Mais que capital" significa poder.

A globalização neoliberal, entendida dessa maneira, não está ligada à ideologia de mesmo nome ou ao movimento neoconservador. O fracasso dos neoliberais e dos neoconservadores não será o fim da globalização neoliberal, mas sua continuação sem essas ideologias... já que a globalização neoliberal é uma forma histórica do capitalismo que está acima de sua gestão concreta social-democrática ou liberal. Não é preciso dizer que ambas as posições compartilham, em última instância, tanto a defesa do mercado quanto a do próprio capitalismo. A globalização neoliberal é a culminação da Grande Transformação.

[19] HARVEY, David. *O novo imperialismo*. São Paulo: Loyola, 2004.
[20] CHENAIS, François. *A mundialização do capital*. São Paulo: Xama, 1996.

A repetição do descontrole, como repetição, não muda nada no que é repetido – o acontecimento do descontrole do capital – mas sim no "Eu" que a contempla. Hume já havia se dado conta de que a repetição, de certa maneira, "inventa" o "Eu" capaz de contemplá-la. No nosso caso, o "Eu" que o descontrole do capital produz interioriza a estrutura da espera até sua máxima exasperação, na forma de impotência total. Mas não só. A repetição de um único acontecimento gera paradoxalmente um fluxo de acontecimentos que, em sua indeterminação, causam tanto um profundo sentimento de dissolução quanto um mal-estar associado à impossibilidade de poder interpretar o mundo que se tem à frente. A repetição que organiza a época global intranquiliza e exaspera.

O descontrole do capital como acontecimento que se repete cria uma nova temporalidade na qual coexistem a sensação de um presente eterno e a incerteza produzida por acontecimentos excepcionais, portadores de uma insegurança generalizada. Essa repetição gera um vai e vem permanente entre a sensação de que "nada acontece" e a sensação de que "qualquer coisa pode acontecer". A impotência que se sente na época global está relacionada ao fato de que tanto a ausência de acontecimentos quanto o acontecimento excepcional escapam da nossa vontade. A oscilação entre ambos acaba por nos desarmar ainda mais.

A impotência transborda o âmbito da crise do politicamente factível para se referir, em última instância, a uma perda de controle sobre a própria vida como consequência da própria globalização. Dessa forma, em geral, fala-se mais de medo do que de impotência, de um medo amplo e difuso diante de uma incerteza que parece estar à espreita por toda parte. Não se pode confundir, entretanto, o medo com a sensação de impotência. O medo tem muitas caras, a impotência somente uma. A impotência é anterior, e constitui o verdadeiro problema político hoje.

O descontrole do capital é o acontecimento em que sua própria manifestação comporta seu ocultamento. Sua irrupção incontível significa sua radical desaparição. A crise econômica se abate sobre nós tão inevitavelmente quanto a chuva. A mudança climática é um problema unicamente técnico que tem a ver com o tipo de energia empregada ou, no máximo, com um modo de vida determinado. O descontrole do capital permanece escondido em uma naturalização generalizada. Dizer o acontecimento é radicalmente impossível porque seria o mesmo que começar a deter a marcha do próprio acontecimento. Entretanto, é preciso dizê-lo. É preciso ir além da impotência, ainda que seja atravessando-a.

III. O copertencimento entre capital e poder

> 7. *O descontrole do capital é o acontecimento repetido em que se materializa a relação entre capital e poder. A essa relação, que é a fonte do dinamismo da realidade porque consiste no mútuo empurrar-se do capital e do poder, chamamos copertencimento. Na relação de copertencimento entre capital e poder se captura tanto sua identidade quanto sua diferença.*

A relação entre capital e poder é considerada hoje, frequentemente, como uma relação de igualdade. O que geralmente se afirma é o seguinte: quando toda a sociedade se encontra subsumida dentro do capital e o poder é biopoder, então capital e poder coincidem. Nessa igualdade se perde toda diferença, já que a igualdade é justamente a identidade do sempre igual. Se dizemos, ao invés, que o capital e o poder são o Mesmo, na mesmidade subsiste a diferença. Capital e poder são o Mesmo porque são diferentes. Essa é a diferença que queremos analisar porque ela é a que está na raiz do descontrole. Dito de outra maneira: partir da igualdade entre capital e poder nos impede de pensar no seu copertencimento, como antes partir da ideia de processo nos impedia de pensar a globalização enquanto acontecimento repetido. De um modo ou de outro, fechamos nosso caminho para a compreensão do descontrole do capital.

O poder se diferencia com respeito a si mesmo e, nesse auto diferenciar-se, varia de forma. O capital, por sua vez, como demonstra Braudel[21], mantém-se essencialmente

---

[21] BRAUDEL, Fernand. *A dinâmica do capitalismo*. São Paulo: Rocco, 1987.

inalterável em sua própria natureza. O modelo tripartite capitalismo/economia de mercado/vida material continua válido em todo momento. O capitalismo é o dinamismo cego realizado no cume de tal modelo: exploração da força de trabalho e dos recursos, generalização em nível mundial, existência de monopólios desde seu início... Não existe nenhuma mudança substancial. O poder tem sua genealogia, o capital não. O poder, como nos mostram Foucault e Deleuze, é suplício, disciplina e, finalmente, controle. O poder é exercício de poder e as formas, adotadas por este exercício, variam com o tempo. Não se trata de realizar uma genealogia, é suficiente estabelecer sua variabilidade. O capital é invariável porque em sua própria invariabilidade reside o seu triunfo. O poder, por outro lado, se constrói ao fazer frente a um desafio que nunca é o mesmo. Por essa razão, o poder deve necessariamente mudar. Afirmar que tanto o poder quanto o capital são um código acaba por ser cômodo, mas é enganoso. O capital, enquanto código da mercadoria ou axiomática, estaria desterritorializado, e seu modo de inscrição seria abstrato; operaria sobre o plano de imanência segundo uma descodificação dos fluxos. O código do poder, por sua vez, estaria territorializado, e atuaria classificando, por exemplo, o normal e o anormal. Se apoiaria na transcendência[22]. Essa distinção tem o problema de fixar cada um de seus membros e nos impedir de pensar a sua interação. O que nos interessa é pensar o "e" que une capital e poder. Este "e" que os vincula em seu pertencimento mútuo no Mesmo. Não qualquer "e", mas aquele que realiza o copertencimento, ou seja, aquele que está por trás do descontrole do capital.

[22] Considerações semelhantes podem ser encontradas em M. Guillaume, *Le capital et son double*, 1975. A referência a Deleuze e Guattari também é obrigatória. Negri, por sua vez, retoma a mesma análise na sua obra já citada.

Para entender a aparição e o funcionamento do copertencimento entre capital e poder é necessário realizar uma genealogia do "e" que vincula poder e capital. Esta breve genealogia é exposta mais facilmente se nos referirmos à correspondente figura do Estado. Assim, podemos sintetizar a Grande Transformação que ocorreu desde os anos setenta até à atualidade como a passagem do Estado-plano ao Estado-guerra (passando pelo Estado-crise). Com base nessa terminologia, que iremos esclarecer a seguir, dizemos que a transição do Estado-plano para o Estado-guerra corresponde à passagem da unidade capital/poder ao copertencimento capital/poder.

A unidade capital/poder é a que regeu o Estado-plano. Tal unidade, consistente na ligação histórica entre Estado, capital e classe trabalhadora, esteve em funcionamento desde o final da Segunda Guerra Mundial. Sob o nome de política de renda, pacto social, etc., o antagonismo do trabalho funcionava dentro do plano do capital e, então, em nome do Estado-plano. Assim, a luta de classes mediada sindicalmente empurrava a acumulação capitalista. Não é preciso dizer que a autonomia de classe escapará desse cárcere. Maio de 68, o Outono Quente italiano de 1969, as lutas autônomas espanholas de 1970 a 1977 e tantos outros exemplos constituem momentos de ruptura dessa ligação interclasses. A resposta do capital ao desafio trabalhador será uma verdadeira engenharia social na qual a inflação, a crise aberta, etc. irão constituir verdadeiras armas de ataque, culminando na desregulação generalizada própria das políticas neoliberais. Escolhemos chamar essas mutações, que reconstroem a hegemonia do capital, de a Grande Transformação. Pode-se afirmar sem dúvida que a unidade capital/poder desaparece quando a autonomia trabalhadora já não constitui um perigo, quando o proletariado, enquanto sujeito político, foi afundado.

O capital é poder logo de saída. Um poder de coação (ao trabalho) que se assenta em uma diferença essencial relativa ao tempo. O capitalista pode esperar, o trabalhador não pode esperar, está obrigado a trabalhar para subsistir porque não tem outra coisa a não ser sua força de trabalho. O capital tem que abrir um espaço em seu interior para acolher a força de trabalho enquanto Outro. Tem que multiplicar as dimensões da realidade. Nessa medida, o capital, por um momento, não pode ser poder. Embora, em seguida, tente fazer com que o processo de trabalho e de valorização coincidam. O capital é poder para reconduzir o Outro ao Mesmo, para integrar o antagonismo. As consequências disso são: 1) O capital, porque é poder logo de saída, retoma rapidamente a escravidão. É o que Yann Moulier Boutang demonstra quando fala de duas vias de desenvolvimento: a via normal que desemboca no contrato de trabalho e a via "desviada" que conduz ao *apartheid* e às segmentações racistas[23]; 2) A neutralização do outro ou da diferença (ou do antagonismo) nas relações de produção é uma operação dialética. A dialética é, na verdade, uma lógica do capital. Mas essa neutralização tem o efeito de politizar a economia. As lutas por melhorias econômicas e contra a intensificação do trabalho se convertem em lutas diretamente políticas. Essas sequências, que descrevem a relação entre capital e poder, correspondem especialmente à etapa histórica posterior a 1945. Não podemos falar ainda do copertencimento capital/poder nem de descontrole do capital.

---

[23] MOULIER-BOUTANG, Yann. *De la esclavitud al trabajo asalariado.* Madrid: Traficantes de Sueños, 2006.

A unidade capital/poder segue completamente o esquema dialético que relaciona o Mesmo ao Outro. A contínua neutralização ativa do Outro e a recondução do antagonismo gera uma realidade que poderíamos qualificar como plana, na qual as dualidades paz/guerra, lei/exceção e dentro/fora, são absolutamente claras e definidas.

Por trás do copertencimento capital/poder já não há nenhuma ligação entre o capital e o proletariado. Para o capital isso já não é necessário. Também não existe o conflito do trabalho que o impulsionava a partir de dentro. O conflito social "realmente existente" se desdobra agora em ordem e entropia, em uma função produtora de ordem e uma função produtora de desordem, e tanto a ordem quanto a desordem atuam como forças de coesão da sociedade. O antagonismo deixa de ser a diferença que impulsionava "de fora para dentro" a dinâmica capitalista de acumulação. A diferença muda completamente e se torna interna ao copertencimento capital/poder. Mas essa nova diferença, que será a propulsora autêntica do descontrole, não pode ser vista como uma forma comum de contradição.

O que precisa acontecer para que o copertencimento capital/poder se realize, inaugurando assim a globalização capitalista destes últimos anos? Já sabemos. É preciso produzir uma verdadeira mudança no estatuto da diferença. Em primeiro lugar, a dialética tem que deixar de funcionar, por ser desnecessária. A dialética identidade/diferença e Mesmo/Outro servia unicamente para a etapa na qual a luta de classes movia o capital. Porém, na época global, a classe trabalhadora já não é mais o motor do desenvolvimento. Nessa etapa, a diferença – que antes se traduzia no antagonismo do trabalho – se desdobra em ordem e desordem. Em um plano da realidade, a diferença atua em função da ordem, como informação que ela organiza. No plano n+1, a mesma diferença atua em função da desordem, como entropia. Dessa maneira, mantêm-se unidos os planos de uma realidade que se tornou múltipla. Em segundo lugar, a diferença tem que ser interna ao próprio copertencimento capital/poder. Sabemos que o capital é "mais" capital, ou seja, que sua própria positividade implica uma comparação com a qual percebemos o processo de acumulação que lhe é inerente. Além disso, o capital é "mais que" capital porque é poder. O capital não tem como existir a não ser, simultaneamente, sendo mais capital e outra coisa que não é capital, e sim poder. Sua relação recíproca nos permite pensar neles pelo que são. Pensar o capital a partir do poder e vice-versa. Nesse vai e vem, o co-pertencimento já está prefigurado. Quando o capital empurra o poder para além dele e, inversamente, quando o poder empurra o capital, estamos efetivamente diante do copertencimento de ambos e começamos a explicar o descontrole. Essa diferença interna ao copertencimento capital/poder é a que verdadeiramente impulsiona o descontrole do capital.

O copertencimento capital/poder vincula o capital ao poder da seguinte forma: 1) o capital é mais capital; 2) o capital é mais que capital, é poder. O copertencimento realiza a mesmice do capital e do poder dessa maneira: no copertencimento há uma diferença entre capital e poder, e também cada termo é, por sua vez, uma diferença em relação ao outro. Que no copertencimento capital e poder sejam o Mesmo significa que a intercambiabilidade ocorre mantendo-se a identidade, e que a equivalência ocorre mantendo-se a diferença. Certamente deixamos a dialética para trás. Agora, na era global, essa diferença bilateral é o novo motor do capitalismo.

O esquema operacional que envolvia a luta de classes era I=I+D, sendo I a identidade e D a diferença. Por outro lado, na época do capital desenfreado, o esquema operacional tornou-se D=D+I. Há, portanto, uma primazia da diferença, que já está estabelecida no início. Essa diferença estabelecida no início, e responsável pelo autodinamismo, assumirá a forma de instabilidade permanente.

O copertencimento capital/poder significa um empurrar-se mútuo entre o capital e o poder. O capital ultrapassa seu próprio limite interno graças ao poder e, por sua vez, o poder se expande graças à contribuição do capital. Esse mútuo impulsionamento também deve ter limitações, pois, caso contrário, a instabilidade se perderia no ar e o autodinamismo deixaria de ser um processo de autocatálise.

O copertencimento capital/poder requer um meio para sua realização. Só a existência de um meio concreto permite tanto a realização do processo de valorização quanto o exercício do poder em seu impulso mútuo. Existem três ambientes fundamentais nos quais o capital e o poder se encontram e se envolvem: a inovação, a esfera pública e a guerra. Poderia-se afirmar que na inovação o capital inventa o que o poder aplica. A inovação não está mais ligada ao empresário capitalista individual, como gostaria Schumpeter, mas surge da ação conjunta de sujeitos capitalistas anônimos, verdadeiros dispositivos complexos de poder. Na esfera pública, o poder visibiliza, enquanto o capital sustenta. O espaço público dos meios de comunicação é privatizado por pertencer a grupos econômicos diretamente ligados a diferentes partes do sistema partidário. Na guerra que o poder produz, o capital lucra graças à privatização do mesmo. As novas guerras que se desenrolam na era global são guerras que não ocorrem entre países, ou seja, entre diferentes Estados-nação. São guerras entre um exército regular cada vez mais privatizado e exércitos irregulares. Com a privatização da guerra, com a terceirização da violência para empresas privadas ou estruturas paramilitares, a guerra se torna diretamente um verdadeiro negócio. Obviamente, o copertencimento entre capital/poder supõe a existência de novas tecnologias de informação e comunicação, organizações econômicas e políticas internacionais, mas esses fatores não constituem verdadeiros meios, no sentido indicado.

O copertencimento capital/poder tem sido contemplado a partir da maior abstração possível. Nele descobrimos uma estranha diferença que está por trás do descontrole do capital. Vale a pena descer mais ao concreto para observar como essa operação se reflete. Vamos considerar, por exemplo, a relação entre o Estado-nação e o capital. O impulsionamento mútuo entre capital e poder se traduz no fato de que a globalização mantém uma relação complexa com o Estado-nação. O certo é que ele não é uma vítima da globalização capitalista, mas se adapta a ela e se recompõe para melhor promovê-la. Falar em desregulamentação nos impede justamente de analisar como o Estado-nação ajuda ativamente – criando um ambiente seguro para o capital – ao implantar uma economia corporativa global[24].

Na época da unidade capital/poder, a crise era apenas um elo fraco da cadeia, que poderia ser explorada pelo proletariado. De resto, a crise significou um momento positivo na recomposição do capital. Na era global, e com o copertencimento capital/poder, o conceito de crise entra diretamente em crise. A palavra crise significa, em grego: corte,

---

[24] SASSEN, Saskia. *Sociologia da globalização*. Porto Alegre: Penso, 2010.

luta e até mesmo decisão. De origem médica, sua aplicação se estenderá aos mais diversos campos. Apesar de todas as mudanças, o significado médico de "mudança para" (compreendido como uma melhora ou uma piora) continuará válido. Hoje essa ideia de crise como uma "mudança para" já não nos serve. É uma ideia que deve muito à modernidade. Não é à toa que a própria modernidade se viu como uma crise – conflito, contingência, exceção – devido à ruína da ordem tradicional. Na era global em que vivemos, não é mais adequado falar em crise. Atualmente, não há uma crise em si, mas uma constante "fuga para a frente" que assume a forma de uma crise permanente ou de uma guerra. "Fuga para a frente" significa, antes de tudo, que as alternativas ficaram para trás, especialmente a ideia moderna de revolução. "Fuga para a frente" significa, em segundo lugar, que não há futuro. A busca ansiosa pelo futuro, inerente ao capital descontrolado, paradoxalmente acarreta uma radical ausência de futuro. Nesse sentido, a "fuga para a frente" contém toda a fenomenologia do descontrole do capital.

O capital é um sentido de posição, ou seja, define posições em uma estrutura. O poder, por sua vez, é o sentido desse sentido. O poder sobredetermina a relação assimétrica. Por essa razão, poder e capital podem ser articulados tão perfeitamente quanto o fazem em seu copertencimento. Mas o copertencimento capital/poder não é o motor maravilhoso que o capitalismo estava procurando. E isso não porque sucumba à crise que desconhece, mas porque produz uma realidade que traz em si a sua superação.

IV. As duas faces da realidade: o espaço-tempo global e a multirrealidade

> 8. *A realidade é única porque é a organização capitalista do querer viver, o funcionamento do querer viver como autopreservação. É única, mas dela pode-se falar de duas maneiras. De forma reduzida, estamos diante do espaço-tempo global. De forma proliferante, estamos diante da multirrealidade. O espaço-tempo global e a multirrealidade são as personificações da utopia do capital e, em última análise, o resultado de sua vitória. O espaço-tempo global tem certa semelhança com o espaço-tempo relativista.*

O estatuto ontológico tanto do espaço-tempo global quanto da multirrealidade é o da ficção. Ambas as formas de falar da realidade não são nada além de ficções. Entretanto, a ficção possui uma realidade, já que produz efeitos de realidade.

Falar de espaço-tempo global é necessário em decorrência do descontrole do capital. Esse acontecimento, em sua repetição, configura – e requer para ser pensado – uma nova concepção de tempo e de espaço que não é mais a usual. Sabemos que as distâncias desaparecem, que o tempo se torna instantâneo. Os processos por trás dessa fenomenologia também são conhecidos. Em primeiro lugar, graças às novas tecnologias, o capital funciona como uma unidade em tempo real e em escala global. Em segundo lugar, houve uma internacionalização do processo produtivo, que projeta a cadeia produtiva em todo o planeta. E, finalmente, a financeirização da economia implica a implementação de processos de desregulamentação, delimitação de mercados e desintermediação.

O espaço-tempo global emergiria como a superfície na qual ocorre o evento do "descontrole do capital" e haveria certo paralelismo com o espaço-tempo relativístico.

Essa nova realidade, que chamamos de espaço-tempo global, torna a análise econômica insuficiente. O problema que estamos abordando deixou de ser econômico para se tornar diretamente ontológico. O problema é a própria realidade. E agora podemos introduzir a tese essencial que caracteriza esse novo espaço-tempo: o capital e o poder dos agentes históricos tornaram-se propriedades da geometria dessa nova realidade. Esse deslocamento é crucial para conseguirmos captar a autêntica mudança produzida.

Há um único acontecimento repetido, que é o descontrole do capital. Este evento é a realização do copertencimento entre poder e capital. Como isso se traduz nesse modelo? Indicando que o modelo dá conta fundamentalmente da produção e da acumulação de capital fictício. Em outras palavras, o espaço-tempo global é a superfície na qual o capital fictício é (re)produzido. O capital real é aquele que é investido diretamente na produção. Já o capital fictício nada mais é do que a representação de um capital existente ou não. Seria um capital que se autovaloriza sem sair da esfera financeira. O que acontece é que, nesse modelo, a esfera financeira está totalmente mesclada com a própria realidade.

O paralelismo com a teoria da relatividade tem por base a seguinte equivalência: capital e poder desempenham o papel de energia e matéria como distribuições que configuram um mapa. E a equação fundamental, $E = mc^2$, que vincula energia e matéria, teria sua correspondência no copertencimento entre capital e poder. Lembremo-nos do que diz a dita copertença: o capital é mais (do que) capital, é poder.

O copertencimento ligaria, por sua vez, o capital e o poder. Estas são as peças do modelo.

O funcionamento do espaço-tempo poderia ser sintetizado nas seguintes teses:

> – Toda posição na superfície estabelece uma relação de poder.
> – Toda trajetória nessa superfície comporta um processo de valorização, de produção de capital.
> – Toda captura da trajetória significa um processo de acumulação capitalista.
> – O copertencimento capital/poder torna possível três momentos: 1) a trajetória; 2) a captura; e 3) a acumulação.
> – Toda resistência é irrepresentável nessa superfície.

Uma trajetória no espaço-tempo global – que é o modo de dar conta da mobilidade do capital – significa valorização do capital. O objetivo das instituições capitalistas é simplesmente concentrar em si mesmas o máximo de trajetórias. Para isso, qualquer distribuição de poder/capital curva o espaço-tempo com a finalidade de capturá-las. Assim, no espaço-tempo global, toda trajetória corresponde a uma valorização do capital independente da produção real, de modo que o capital realiza o seu objetivo mais desejado: D-D'. Autorreproduzir-se tautologicamente como capital, "fazer dinheiro a partir do dinheiro" sem a necessidade de ter que passar pela rota da produção, o que significaria um choque com a realidade. O processo é o seguinte: criação de capital fictício a partir de capital real, depois capital fictício a partir de capital fictício. Nesse sentido, o espaço-tempo global é a realização prática da utopia do capital.

O modelo do espaço-tempo global não é mais que a radicalização de uma realidade já existente. Hoje sabemos perfeitamente que, frente à especulação generalizada, não é necessário que a valorização correspondente à trajetória tenha que corresponder a uma produção de riqueza real. Além disso, em 2008, 95% da atividade econômica era financeira. Enquanto isso, apenas 5% tinham a ver com a produção, transporte e venda de mercadorias.

No espaço-tempo global, a economia (financeira) se confunde com a realidade. Por isso, afirmar que o capital fictício tem que manter uma conexão com a economia real não é totalmente correto. Evidentemente, esse movimento de valorização descrito como trajetórias cria bolhas, dado que se produz uma imensa acumulação de capital fictício. "Mas a bolha financeira já deixou de ser uma aberração para se converter em uma característica permanente do regime de acumulação financeirizada"[25]. Não há crescimento sem bolha. Já se fala de uma bolha financeira estrutural. Normalmente, se afirma que a subsistência dessa economia financeirizada tem por base parasitar a economia produtiva real mediante processos de apropriação, punção e centralização. Mas no interior do modelo que expusemos, essa explicação se mostra insuficiente, já que se baseia no fato de o capital fictício não criar valor novo, e evidentemente não o faz, mas é "como se" criasse. O limite não está mais no capital em si mesmo, dependendo antes do bom funcionamento do copertencimento poder/capital. Marx sustentava que o capital era seu próprio limite. Nós diríamos que o copertencimento capital/poder levou esse limite mais além.

---

[25] CHESNAIS, Ferdinand. *La globalización y sus crisis*: interpretaciones desde la economía crítica. Madrid: Catarata, 2002.

Não é somente que a esfera financeira enquanto capital fictício (seus critérios, suas instituições...) esteja diretamente presente no universo do consumo e da produção. É que já não há uma economia real e uma economia financeira, somente uma economia. A financeirização da economia comporta, em última instância, a criação de uma realidade única: o espaço-tempo global.

A titularização, que consiste em transformar todos os ativos em títulos negociáveis, é o modo como se desenvolve a financeirização. Já não existe relação com a gestão, com os ativos reais, etc., tudo se converte em capital fictício, uma vez que qualquer dinheiro é bom para a especulação, seja dinheiro positivo ou negativo (dívida).

A lógica financeira, que o copertencimento capital/poder facilita, é autorreferencial e cria um mundo fechado. Os economistas críticos sustentam que tal lógica autorreferencial é um ponto fraco. Isso ocorre quando se percebe o mundo como algo fechado. Mas se for definido como um mundo autocontido, sem exterior definido, porém aberto, então a dinâmica acumulativa sob a forma de fuga para a frente passa certamente por crises, porém essas crises ou estouros de bolhas são simplesmente processos necessários nos quais se queima o excesso de capital fictício. Na mesma dinâmica do copertencimento capital/poder está a vigília para que o incêndio não se estenda em demasia e não acabe por reduzir a cinzas o espaço-tempo global, já que o capital jamais se autorregula por si mesmo. Quando esse perigo existe, então se socializam as perdas e se fala da necessidade de regular os mercados financeiros. Todavia, o capital é essencialmente trapaceiro, ou seja, especulador.

O espaço-tempo é, definitivamente, uma grande trama ou malha flexível, dinâmica e relativa que muda com as distribuições do poder/capital. Em tal superfície, há somente distribuições de poder/capital em relação aos buracos negros ou vazios, ou seja, formas da ambivalência do querer viver. A tarefa urgente hoje é cartografar o espaço-tempo global. Um esboço dessa cartografia nos indica que o mundo girou novamente para uma apolaridade. O mundo já não está dominado por uma só potência. Também não está dominado por duas, ou por alguns poucos Estados, mas por múltiplos atores (diversos Estados-nação, multinacionais, cidades globais) que exerceriam novos modos de poder. Frente a nós temos um mundo que se tornou sem polos e no qual o poder, ao não conseguir se polarizar, tornou-se difuso. Pensar sob a forma do Um – ou seja, do Império – essas distribuições de poder/capital é tentador, já que ao implicar uma simplificação total, permite sonhar com uma política possível.

> 9. *A multirrealidade é a outra maneira de falar dessa realidade inteiramente capitalista que temos diante de nós. Seu funcionamento se baseia na coparticipação de dois processos: a indeterminação ou gelificação e o fechamento por meio da obviedade. A multirrealidade é única, embora se abra, porque prolifera em múltiplos planos que a indeterminam ao mesmo tempo que a estabilizam. E, no entanto, a multirrealidade também se fecha. O que acontece é que esse fechamento, que a obviedade efetua, é falso.*

Se o copertencimento capital/poder no espaço-tempo é a condição de possibilidade da acumulação de capital fictício, na multirrealidade é a condição de possibilidade da sobredeterminação da ordem e da desordem. Essa sobredeterminação passa pela absorção e, portanto, pela contenção do conflito por meio do seu desdobramento em função da ordem (no plano n) e em função da desordem ou entropia (no plano n+1). Graças a essa duplicação, a ordem é efetivamente (re)produzida. O copertencimento capital/poder, em última análise, administra o conflito aumentando os planos da realidade. A proliferação da realidade implica uma pluralização estabilizadora, que pode ser explicada como a diversidade irredutível dos mundos vitais e a privatização da experiência.

A unidade capital/poder gerou uma realidade plana dualizada que a dialética explicava. A copropriedade do capital/poder gera uma realidade múltipla e complexa, a multirrealidade. Na multirrealidade, a espacialidade moderna entra em crise porque as dualidades (guerra/paz, lei/exceção, dentro/fora) se confundem. Na era global, existem simultaneamente a paz e a guerra, a lei e sua exceção, o dentro e o fora.

A multirrealidade põe em crise as habituais descrições baseadas em dualismos. O modelo dialético (essência/aparência), o modelo psicanalítico (latência/manifestação), o modelo existencialista (autenticidade/inautenticidade) se mostram inúteis porque essas distinções não são aplicáveis. Todos esses modelos críticos pressupõem a existência de uma distância entre cada polo das dualidades. Essa distância não existe mais. O conceito de separação – que é outra forma de dizer distância – entra em crise na era global. Nela a realidade não se nega, mas auto supera a si mesma ou, dito de forma mais concreta, o conceito de separação, necessário para a crítica, entra em crise e explode porque todos os limites são ultrapassados: os que estavam nas coisas, os que encerravam os corpos, os que fixavam as ideias. Por isso falaremos sobre a superação – ainda que atualizada – das fronteiras, das identidades, etc. Os exemplos são infinitos: o sujeito comandado já não o é completamente, pois tem uma margem de liberdade (pode escapar navegando na *internet*), enquanto o sujeito que comanda, por sua vez, não tem todo o poder, etc. O paradoxo parece ser o modo mais adequado para descrever esta realidade: maior segurança produz mais insegurança, mais informação produz mais desinformação. O mesmo paradoxo funciona como uma indistinção generalizada: paz e guerra, interior e exterior, dentro e fora, tudo tende a se confundir em um *continuum*. Para dar conta desse novo estatuto da realidade, falaremos de gelificação[26]. A gelificação da realidade corresponde a seu processo de se tornar opaca por meio da transparência, da translucidez, da obscuridade; assim como ocorre normalmente quando um gel se forma em um líquido. Não estamos mais, então, diante de uma lógica da separação – que permite distinguir sujeito/objeto e analisar sua interação –, mas frente a uma lógica de gelificação que apaga os antagonismos porque borra a realidade.

Na multirrealidade já não há mais separação alguma. Historicamente o pensamento crítico foi sempre construído sobre o conceito de separação. E, como se sabe, o conceito de separação remete ao de alienação. Alienação, o termo que preferimos para evitar entrar em uma discussão filológica, seria a separação, abstração ou autonomização e, finalmente, a inversão da forma em relação ao conteúdo. Nesse caso,

---

[26] O termo gelificação é retirado da físico-química. Um gel (do latim *gelu* – frio, congelado – ou *gelatus* – congelado, imóvel) é um sistema coloidal em que a fase contínua é sólida e a fase descontínua é líquida. Os géis têm uma densidade semelhante à dos líquidos, porém sua estrutura é mais semelhante à de um sólido.

a relação forma/conteúdo especialmente implicada seria a dualidade trabalhador/produto do trabalho. A denúncia da alienação e da separação que ela acarreta foi o principal objetivo da crítica anticapitalista. Além do mais, com Debord em particular, essa crítica se amplia e se torna uma crítica da representação. Seu conceito de espetáculo nada mais é do que a generalização do conceito de alienação para todas as esferas da sociedade. A dupla inversão sujeito/objeto aplica-se agora ao par sociedade/espetáculo. E, porque o mecanismo da alienação está absolutamente presente em sua análise, Debord não hesita em afirmar na sua tese nº 25: "A separação é o alfa e o ômega do espetáculo"[27]. A noção de espetáculo ainda deve muito à dualidade vivo/morto própria de uma abordagem dialética. A multirrealidade invalida a noção situacionista de espetáculo. Hegel não serve para explicar a multirrealidade. A conveniente grade crítica de claro/escuro e vida/morte não se aplica mais.

A multirrealidade se confunde menos ainda com a noção de simulacro. Baudrillard substituirá o fim do espetáculo pelo simulacro. Simular é fingir ter o que não se tem, ou seja, o simulacro remete a uma ausência. A era do simulacro é, portanto, aquela época na qual, tendo-se liquidado todos os referentes, a realidade é suplantada por seus signos. Mas os signos já deixaram de funcionar como tais, agora eles simplesmente dissimulam que não há nada. É o crime perfeito. A partir de agora tudo se metamorfoseia em seu contrário

---

[27] DEBORD, Guy. *A sociedade do espetáculo*. São Paulo: Contraponto, 2007. Recordemos a tese inicial em torno da qual gira todo o livro, e sem a qual a nossa citação é incompreensível: "Toda a vida das sociedades em que reinam as modernas condições de produção anuncia-se como uma imensa acumulação de espetáculos. Tudo o que foi vivido diretamente se afastou em uma representação."

para sobreviver. O poder e a resistência se intercambiam em um processo sem fim. Na multirrealidade, entretanto, não se produz uma indiferenciação generalizada. A gelificação não confunde tudo. Baudrillard absolutiza a noção de simulacro e já vimos as consequências acríticas que isso comporta. Para nós, o simulacro e a evanescência são únicamente expressões parciais da multirrealidade. Se a multirrealidade pode aparecer em certos momentos como evanescente, tal se dá devido a seu caráter essencialmente capitalista.

A gelificação corresponde à época global, assim como a reificação corresponde à modernidade. A reificação baseava-se na distinção entre o vivo e o morto. A gelificação, por outro lado, requer uma tríade: vivo-morto-inerte. Kantor sustentava que "o conceito de vida só pode ser reintroduzido na arte por meio da ausência de vida"[28] e usava manequins para expressar precisamente o que não poderia ser dito de outra forma. Gelling nos permite dar conta de uma realidade complexa que se mostra escondendo, abstraindo, transparecendo. Uma realidade simultaneamente viva e morta, uma realidade que é, em última análise, multirrealidade. A gelificação do mundo significa então que, na pós-modernidade, não há propriamente uma transição do sólido para líquido[29], mas que o líquido está aprisionado no interior do sólido ou que o sólido está rodeado por líquido. Essa lógica difusa confunde o mundo. Nada e ninguém é o que diz ser. Mas também não há aparência. A distância da gelificação é a gelificação da distância.

---

[28] KANTOR, Tadeusz. *O teatro da morte*. São Paulo: Perspectiva, 2008.
[29] Refiro-me especialmente, embora não só, a Zygmunt Bauman e sua concepção de modernidade líquida, amor líquido, etc.

Essa passagem que descrevemos como a passagem de um mundo em que vigora a separação (e, portanto, a distância) para outro em que o que funciona é uma gelificação indeterminada foi abordada de várias maneiras. Jameson, por exemplo, a descreveu como a mudança da alienação para a fragmentação. Mas a descrição que teve mais sucesso foi a de Bauman, com a metáfora da passagem do estado sólido para o estado líquido. A abordagem de Jameson é claramente insuficiente, pois argumentar que a realidade é fragmentada ainda não indica quais dinâmicas internas a governam. Já Bauman, com sua modernidade líquida, parece estar mais próximo do que chamamos de gelificação. O líquido não consegue manter uma forma por si só ao longo do tempo, tem uma atração mínima, e essa seria a principal característica do atual estágio da modernidade. Ocorre que a metáfora do estado líquido é muito simples. A princípio parece resolver o problema de como pensar a realidade hoje, mas o que realmente faz é anular o próprio problema. Dizer que a realidade se tornou líquida indica uma transformação essencial: a dissolução dos sólidos, isto é, das estruturas. Esse acerto torna-se uma falsificação, no entanto, quando se assegura que o estado líquido é resultado dessa dissolução. A metáfora do estado líquido como explicação da nossa realidade[30] padece de três defeitos: 1) Segundo o próprio Bauman, é um termo positivo, por isso perdeu o momento crítico negativo; 2) Como resultado, impede qualquer análise anticapitalista. Não é por acaso que a operação filosófico-política de Bauman consiste em deixar de falar da sociedade capitalista para falar da modernidade líquida; 3) O estado líquido impede o uso de qualquer paradoxo,

---

[30] BAUMAN, Zygmunt. *Modernidade líquida*. São Paulo: Zahar, 2021.

anulando assim a forma possivelmente mais adequada de abordar a realidade, mantendo uma tensão crítica.

A lógica da gelificação, ao tornar paradoxal a relação líquido/sólido, gera uma indeterminação geral. Essa indeterminação tem duas consequências. A primeira é que não há processo central (nem a subsunção, nem o niilismo) que dote o mundo de inteligibilidade. A segunda é que essa realidade acaba sendo destotalizada. Podemos dizer com mais precisão: a realidade global, na medida em que se destotaliza, é uma realidade aberta, ou seja, em permanente pluralização. E, entretanto, sabemos porque é a outra face da experiência de querer viver, que esta realidade se fecha tautologicamente, pois, em última análise, "a realidade é a realidade". A realidade se abre e se fecha, tanto nela mesma quanto para nós. Para explicar esse segundo momento, outro mecanismo deve ser introduzido. A lógica da gelificação certamente funciona abrindo fractalmente a realidade, mas, ao mesmo tempo, deve haver um fechamento da realidade. Esse fechamento não pode ser o redirecionamento da diferença para a identidade, indo do Outro para o Mesmo, pois ao destotalizar a realidade a indeterminação impede esse movimento. A solução é a obviedade. A obviedade – que afirma que a realidade é uma realidade óbvia, que se impõe a nós por sua própria obviedade – é o que efetua o fechamento. O fechamento mediante a obviedade que comporta a imposição da tautologia ("a realidade é a realidade") não se efetua nos diferentes subsistemas e graças aos seus respectivos códigos[31], e sim no plano da própria vida. O fechamento mediante a obviedade tem uma eficácia extrema, pois como é possível

---

[31] Esse fechamento pelo código, ou seja, pelo jogo das diferenças, é como Luhmann explica o funcionamento sistêmico da realidade. Ver, por exemplo: LUHMANN, Niklas. *Poder*. Barcelona: Anthropos, 1995.

duvidar do óbvio? E, entretanto, trata-se de um fechamento extremamente frágil porque, em última instância, é um fechamento falso no contexto da indeterminação.

Ao fechamento baseado na obviedade pertencem três funções que atuam consecutivamente:

> 1. O fechamento topológico. Consiste em estabelecer a conjunção entre "o crível/o pensável/o que é" graças ao sentido. Sendo o sentido, também, o próprio resultado da conjunção.
> 2. O fechamento operacional. Consiste no desdobramento da diferença e sua pluralização correspondente.
> 3. O fechamento temporal. Seria a sobreposição dos dois anteriores.

O fechamento pela obviedade se produziria pela efetivação desse fechamento triplo, sendo seu resultado a obviedade como tal. A obviedade é o peso do mundo que cai sobre nós quando queremos mudá-lo.

A impotência que a crítica sente frente à obviedade reside no fato de que a própria obviedade é uma imagem. Uma imagem, ou melhor, um sistema de imagens, que se impõem com a força do irrefutável.

Temos dito que a realidade se gelifica e, ao mesmo tempo, se recobre com o manto protetor da obviedade. As consequências sobre a ação política são tremendas. A obviedade – o sentido da obviedade que se impõe – invalida a crítica entendida em sentido tradicional. É inútil opor mais sentido ao sentido do óbvio. A multirrealidade, dizíamos, está aberta, mas não há fora. Isso significa que o possível não é uma via de saída da multirrealidade. A gelificação, por sua vez, indetermina o sujeito político. O proletariado era o sujeito que podia furar a reificação. Não há sujeito, entretanto, que possa destruir a obviedade. Por tudo isso, pode-se concluir que a multirrealidade é essencialmente despolitizante. É como se a multirrealidade efetuasse a função principal do poder: "dividir para vencer".

A multirrealidade indetermina especialmente a figura do inimigo. Quem é o nosso inimigo? É difícil dizer. O inimigo responsável pelo que acontece conosco desaparece afundado em um fractal feito de planos infinitos ou se torna tão concreto que chega a ser ridículo. Essa oscilação paralisante entre a máxima abstração e a mais absoluta concretude é um bom exemplo da natureza despolitizante da multirrealidade. Diante dessa modificação do estatuto do político, quando o inimigo é a própria realidade, insistir em continuar pensando em termos de correlação de forças está fadado ao fracasso.

Viver é estar cravado na multirrealidade e respirar um ar que mistura relativismo e fundamentalismo. Aos poucos esse ar abafa a vontade de viver.

> 10. *O espaço-tempo e a multirrealidade são a realização da utopia do capital. No primeiro caso a moeda, no segundo a obviedade, constituem os procedimentos que fecham e estabilizam a realidade. Mas a realidade – de uma forma ou de outra – está permanentemente ameaçada de dissolução. Nem o espaço-tempo nem a multirrealidade conseguem fechar a realidade. O capitalismo sempre tem pontos frágeis.*

A moeda é o material do qual é feito o espaço-tempo. Sem ela, evidentemente, não seria possível a acumulação de capital fictício. Enquanto instrumento do capital, ela está na base do contrajogo que converte "a especulação no elemento central de desenvolvimento capitalista"[32]. A moeda tem, entretanto, um caráter ambivalente que é o que lhe confere sua força e, ao mesmo tempo, sua própria debilidade. Ela garante o vínculo social na medida que canaliza a violência, mas a moeda em si mesma é fonte de violência, já que torna possível a exploração. Somente uma ambivalência pode reduzir a ambivalência. Só a ambivalência da moeda pode reduzir a ambivalência do querer viver. Por isso a moeda introduz o querer viver na organização capitalista da realidade. E, entretanto, não há nenhuma garantia de que essa integração persista. A moeda certamente imprime sua violência, embora também pereça nos inevitáveis incêndios do capital fictício. O poder da moeda tem sustentação, em última análise, em algo extremamente delicado: a confiança.

A relação entre o fenômeno e a essência, entre a aparência e a realidade, poderia ser apreendida por um pensamento dialético que, passo a passo, se aproximasse da verdade e da essência, ou da realidade. Com a obviedade tudo muda radicalmente. A obviedade é a própria realidade, e a realidade se mostra em sua obviedade. Se conseguíssemos remover o óbvio, não encontraríamos um núcleo de verdade. A multirrealidade não tem segredo. O óbvio coincide com a realidade, e é a sua própria verdade. A obviedade afirma a tautologia da realidade. Essa imediatez tem uma contrapartida inesperada: quando a obviedade é destruída, a própria realidade se vê afetada.

A moeda – baseada na confiança – e a obviedade são os procedimentos de totalização da realidade e, ao mesmo tempo, seus pontos de ruptura.

---

[32] BRAUDEL, Fernand. *Civilização material, economia e capitalismo*: Séculos XV-XVIII : as estruturas do cotidiano. São Paulo: WMF Martins Fontes, 1995.

Essa realidade que conhecemos, essa realidade única, capitalista por completo, não enclausura o que pode ser a própria realidade. O capitalismo não é seu destino inevitável. Tanto o espaço-tempo quanto a multirrealidade não gozam de uma estabilidade permanente. O capital fictício queima em um incêndio cada vez mais difícil de controlar, a desconfiança se estende em muitos momentos. Por sua vez, a obviedade desarma, mas não é capaz de satisfazer as necessidades do homem anônimo. Ademais, ela cansa.

A realidade não se fecha dentro do capitalismo. No espaço-tempo global segue sendo necessária a trajetória. E a trajetória pode interromper-se. A obviedade que recai sobre nós protege a multirrealidade mas, no fundo, seu peso é o de uma pluma. A ambivalência do querer viver escapa do cárcere da realidade porque o interrompe e destrói. Não sabemos se o querer viver poderá fundar algo novo em seu voo. Mas esse voo, essa desocupação, é factível.

O espaço-tempo e a multirrealidade são ficções. Entretanto, são as ficções que foram impostas. Melhor dizendo, que a vitória do capital impôs. Não se trata de meras representações ideológicas, exemplos de falsa consciência. Muito pelo contrário, seu estatuto é o mesmo que o da realidade porque, definitivamente, são a realidade que há.

V. A mobilização global como fundamento

11. *A realidade, enquanto espaço-tempo global ou multirrealidade, oculta o seu fundamento. E o seu fundamento é o que a produz e a articula. Existem, entretanto, duas vias que nos levam a ele: a via fenomenológica e a via epistemológica. Ambas, ainda que distintas, possuem em comum o fato de serem vias de sabotagem da realidade. Graças a essa sabotagem temos acesso à mobilização global, ao verdadeiro fundamento velado desta realidade.*

A realidade em seus dois modos de se manifestar ainda não revela seu fundamento. As trajetórias de valorização, a gelificação e a obviedade são mecanismos que explicam o respectivo funcionamento, mas nada mais. Para chegar à verdade da realidade – e verdade significa tanto o que ela é quanto o que ela faz ser – é necessário seguir um caminho fenomenológico ou um caminho epistemológico. Tanto um quanto o outro agem sabotando a realidade. Porque só quando a realidade é sabotada é possível aprendê-la.

A minha vida, a nossa vida, inscrita nesta realidade solidária com o capitalismo, é vivida como uma vida sem valor. Sei que a minha vida pode ser jogada na lata de lixo quando for o caso, sei que é substituível. Não é que minha vida não me pertença, o que pelo menos me permitiria lutar para conquistá-la. É que a minha vida não vale nada. O resultado é um profundo sentimento de abandono e, ao mesmo tempo, um desejo permanente de entrar neste mundo. O caminho fenomenológico começa com o ódio à minha vida. Essa primeira *epokhé* que já comentamos põe entre parênteses o modo de estar no mundo que descrevemos, e me devolve o desejo de viver. Afirmando o que quero viver e rejeitando o que não quero viver, arranco da vida o meu querer viver. Mas o caminho fenomenológico implica uma segunda *epokhé*. Agora "pôr entre parênteses" significa interromper o movimento que me carrega e me submete. Então o que me é devolvido não é mais o meu querer viver, mas o querer viver que é meu, e que ao mesmo tempo compartilho. A primeira etapa do caminho fenomenológico liberta-me das relações que me prendem. A segunda liberta-me do movimento que me condena. O caminho fenomenológico permite um mergulho em minha própria vida. Assim, descubro que sou um desejo de viver inscrito na prisão da realidade.

O pensamento crítico, ao contrário do pensamento usual, deve ser submetido à crítica por si mesmo. Além de pensar no objeto do conhecimento, deve-se pensar no pensamento que o sujeito tem sobre o objeto. Dessa forma, a transitividade (pensar sobre o objeto) tem que ser acompanhada pela reflexividade (pensar sobre o pensamento). Mas acreditamos que a reflexividade é insuficiente, que não chega a morder verdadeiramente a realidade. Por isso defendemos o "pensar contra o pensar". "Pensar contra pensar" nada mais é do que colocar em movimento a unilateralização que já conhecemos. O pensamento crítico que quer acompanhar nosso tempo tem que implementar um olhar unilateral, e esse olhar é o caminho que chamamos epistemológico. Unilateralizar a realidade é interromper as relações de dominação que sustentam as hipostatizações, é fazer explodir o homogêneo aplicando a relação amigo/inimigo, é subtrair dimensões da realidade abrindo buracos nela. Em suma, unilateralizar é destranscendentalizar. O olhar unilateralizante, de acordo com seu grau de radicalidade, promove cortes na realidade que nos permitem pensá-la. A sociologia clássica descobre, na realidade, o indivíduo enquanto átomo social. O olhar genealógico dá um passo além e vê o indivíduo como efeito do poder. O olhar unilateralizante entende, por sua vez, que o indivíduo é anônimo[33]. O anônimo não é um qualquer, é alguém que possui o segredo da força do anonimato. Pensar contra o pensar, a unilateralização, deixa para trás a genealogia. A genealogia nos conduz ao teatro do mundo, que consiste na eterna luta entre exploradores e explorados, e não se sabe muito bem porque opta pelos oprimidos. A unilateralização nos deixa frente a um teatro do mundo em que o jogo de forças não está fechado. Ninguém sabe do que é capaz a força do anonimato. A via epistemológica nos leva ao anônimo e ao querer viver que o constitui. À ambivalência do querer viver que escapa, que não se deixa reconduzir.

A via fenomenológica e a via epistemológica sabotam, cada uma da sua maneira, a realidade. Elas nos mostram que a realidade é um cárcere. O cárcere da mobilização global.

É indubitável que o operaísmo italiano tenha sido o pensamento político que melhor abordou a relação capital/trabalho, especialmente sua evolução e periodização. As diferentes categorias criadas por essa tendência do marxismo (composição de classe, plano de capital, etc.) foram fundamentais para poder analisar a realidade social. Poderia-se afirmar que todas se articulam no interior de um conceito que atuaria como marco ou âmbito mais geral: a sociedade-fábrica. Com tal termo, se indica que, na atualidade, toda sociedade se converte em uma articulação da produção. Toda sociedade está em função da fábrica porque estende seu domínio a todas esferas (estatal, cultural, educativa, etc.). Como sabemos, esse devir produtivo de toda a sociedade comporta um estranho

---

[33] Permito-me fazer referência ao meu livro: PETIT, Santiago López. *Horror vacui. La travesía de la noche del siglo*. Madri: Siglo XXI de España, 1996. Embora em quase todos os meus livros apareça, de uma forma ou de outra.

paradoxo: quando toda a sociedade se é reduzida à fábrica, a fábrica desaparece e já não conta enquanto tal. No mesmo momento, a classe trabalhadora deixa de ser o sujeito político que era. Surge assim um novo cenário no qual estamos perdidos. Perdidos em duplo sentido: perdidos porque perdemos e perdidos porque não achamos o caminho da saída. É o que chamei de Noite do Século. Então, há urgência na pergunta: com o fim da centralidade da fábrica, tem fim também todo o sistema categorial operaísta a ela associado? Acreditamos que o operaísmo serve muito bem para explicar porque chegamos na situação em que estamos, mas não é tão útil para analisar a realidade que temos à nossa frente. O pós-operaísmo interpretou as novas transformações pela chave da realização de uma tendência: a subsunção da sociedade pelo capital. A partir da extrapolação da análise marxiana realizada no famoso fragmento das máquinas[34] e de uma reelaboração do conceito foucaultiano de biopoder, defende-se a hipótese de que seria possível outro uso da cooperação social, um uso fora do capital. Essa hipótese se assentará, finalmente – é o caso, em especial, de Antonio Negri –, em um metarrelato que gira em torno da "multidão". A tentativa de construir uma saída libertadora baseada na construção de um metarrelato e o próprio fato de privilegiar um único processo central representa um passo atrás que se relaciona muito mal com uma realidade que se tornou multirrealidade. Além disso, a explicação pós-operaísta ainda se move, apesar de todas as referências que fazem, à vida dentro do paradigma produtivista clássico, ainda que agora estejamos fora dele.

---

[34] MARX, Karl. *Grundrisse*: Manuscritos econômicos de 1857-1858: esboços da crítica da economia política. São Paulo: Boitempo, 2011.

Ainda que possa parecer um contrassenso, a aproximação neoliberal para a mobilização global é mais interessante para nos ajudar a encontrar essa via de liberação que buscamos. E é assim porque a verdade do liberalismo – que põe o mercado no centro – é a verdade que ganhou e, portanto, a que organiza o mundo. Trata-se de uma ideologia porque justifica, explica. Não confundimos a prática com a representação, já que não existe diferença alguma entre elas, quando a realidade coincide com o capitalismo. Por isso o próprio termo ideologia, aplicado ao neoliberalismo, é inadequado. Samir Amin fala de "vírus liberal", de "fabulações fundadas sobre uma paciência" que, definitivamente, fazem com que "a economia se converta em um discurso que não se preocupa em conhecer o real"[35]. No entanto, quem disse que a economia (liberal) quer conhecer a realidade? Em um informe da OCDE, afirma-se que estamos avançando para: "Uma sociedade sem restrições que teria a máxima capacidade de explorar a eficiência dos mercados e as eleições individuais"[36]. Não se poderia dizer com menos palavras o que realmente aconteceu diante de nossos olhos. O fato dessa abordagem reduzir a liberdade a uma mera escolha, entre várias opções, não invalida a força organizadora e constitutiva da verdade liberal. Infelizmente, a abordagem liberal do nosso mundo é a mais precisa.

O liberalismo pode ser interpretado como uma tradição com uma perspectiva integral. Pode-se buscar seus antecedentes, assinalar a passagem de um liberalismo clássico para um moderno. Inclusive, pode-se atribuir a ele quatro características maiores: individualismo, igualdade, universalidade e

---

[35] AMIN, Samin. *The liberal virus*: permanent war and the americanization of the world. Nova Iorque: Monthly Review Press, 2004.

[36] OCDE. *Cohesión sociale et mondialisation de l'économie*. París, 1997.

melhorismo[37]. Mas se a relação entre o capitalismo e o liberalismo é essencial para o que se definir o próprio liberalismo, então não se pode perder de vista a referência a Adam Smith. Em seu conhecido livro *A liberdade para escolher*[38], Milton e Rose Friedman situam, da mesma forma, Adam Smith como o ponto de partida inevitável. E este deve ser o caso quando a liberdade econômica se estabelece como requisito fundamental da liberdade política, como afirma a tradição liberal. Smith opõe-se ao modelo político do contrato social um modelo econômico baseado no mercado. Essa autorrepresentação da sociedade por meio do mercado tem o efeito de neutralizar a política. Rosanvallon afirma com razão que Adam Smith é "o teórico do desaparecimento da política"[39]. O egoísmo não é desagregador, o mercado dispõe de uma "mão invisível" que realiza o que ninguém poderia levar a cabo com a mesma eficácia[40]. Smith descobre a autonomia da esfera econômica e, afirmando a centralidade da troca, abre espaço para o mercado, para a vida do mercado. Em outras palavras, "a vida do mercado" é a condição de possibilidade da própria sociedade. E o soberano não tem que intervir mais do que para proteger esse sistema de liberdade natural. Natural, em suma, porque a tendência à troca repousa na "faculdade da razão e da palavra".

---

[37] GRAY, John. *O liberalismo*. São Paulo: Estampa, 1988.

[38] FRIEDMAN, Milton e FRIEDMAN, Rose. *Liberdade para escolher*. São Paulo: Lua de papel, 2012.

[39] ROSANVALLON, Pierre. *O liberalismo econômico*. Florianópolis: EDUSC, 2018.

[40] "Não é a benevolência do açougueiro, do cervejeiro ou do padeiro que nos proporciona o nosso jantar, mas o cuidado que eles têm em seu próprio benefício. Não falamos de sua humanidade, mas de seu próprio interesse, e nunca falamos de nossas necessidades, mas de suas vantagens". SMITH, Adam. *A riqueza das nações*. São Paulo: WMF Martins Fontes, 2013.

Mas os ordoliberais alemães, como mostra Foucault[41], já põem de lado toda ingenuidade naturalista sobre o *laissez-faire* e afirmam que se deve governar para o mercado, e não por causa do mercado. Essa intervenção permanente na própria sociedade visa produzir competição, pois ela não é um fato natural. A competição é a vida do mercado e sua dinâmica perpassa toda a sociedade. Por isso, o governo neoliberal é menos um governo econômico do que um governo sobre a sociedade.

Inclusive a sociedade é concebida em todos os momentos como um tecido social cujas unidades de base são a empresa. Portanto, é conveniente falar dos neoliberais alemães reduzindo o homem ao *homo oeconomicus*. E, no entanto, isso não é inteiramente verdade. Além disso, essa redução impossibilita entender em que sentido a política neoliberal constitui verdadeiramente uma política da sociedade (*Gesellschaftspolitik*). Não é de estranhar, portanto, que encontremos em Mises – autor que, juntamente com Hayek, forma uma ponte entre o neoliberalismo alemão e o americano – uma crítica direta ao chamado *homo oeconomicus*[42]. O título de seu livro, *A ação humana*, já indica todo um programa político antieconômico, que supera a distinção econômico/não-econômico para uma praxeologia geral. Esse ponto de vista adotado por Mises se nega a fechar a ação humana no interior de uma aproximação econômica. Toda ação humana ordena e prefere. Toda ação

---

[41] FOUCAULT, Michel. *Nascimento da biopolítica*. Lisboa: Edições 70, 2010.

[42] "A economia subjetiva moderna nasce quando a aparente antinomia do valor é resolvida. Seus teoremas não estão de forma alguma confinados exclusivamente às ações do homem de negócios; ele não está nem um pouco interessado no imaginário do *homo oeconomicus*. Pretende apreender as categorias imutáveis que informam a ação humana em geral... É hora de repudiar aquelas construções estéreis que tentavam justificar as deficiências dos velhos economistas recorrendo ao fantasmagórico *homo oeconomicus*". MISES, Ludwig von. *Ação humana*. São Paulo: Vide, 2020.

humana implica "escolher e renunciar" porque para o agente, em princípio, "só existem coisas de utilidade diversa para o seu bem-estar pessoal". Portanto, "a ação é sempre necessariamente egoísta". Por isso e, paradoxalmente, a concepção mais abstrata da ação humana, pelo fato de estar ligada à escolha e à utilidade, generaliza a análise econômica a tudo o que não é econômico, e a forma econômica do mercado se aplica a todo o corpo social. Com Mises abre-se o caminho que irá conduzir aos neoliberais americanos. Mises prepara a transformação da "vida do mercado" no "mercado da vida".

Afirmar a vida como mercado é o que fará justamente a teoria do capital humano. A radicalização da abordagem ordoliberal encontra sua melhor expressão na aproximação econômica do comportamento humano realizada por Gary Becker em 1964. O núcleo do programa de pesquisa da teoria do capital humano é baseado nas noções de maximização do comportamento, equilíbrio do mercado e pressuposto da estabilidade das preferências. Contemplar a ação humana como um comportamento maximizador com o objetivo de alcançar mais utilidade ou maior bem-estar permite a análise dos mais diversos fenômenos sociais. Por exemplo, o casamento e os divórcios. De acordo com essa abordagem, uma pessoa decide se casar quando a utilidade esperada do casamento excede a utilidade de permanecer solteira ou a utilidade de encontrar um parceiro melhor. Isso não é uma piada, mas uma forma de pensar que vê os gastos dos indivíduos com saúde, educação, tempo livre, etc. como gastos de investimento em vez de gastos de consumo. Não há mais força de trabalho que possa ser explorada, mas apenas um capital que pertence indissoluvelmente a quem o põe em jogo. O salário, em suma, nada mais é do que o ganho de um determinado capital (humano).

Nozick se expressa claramente: "As pessoas cooperam para fazer coisas, mas trabalham separadamente; toda pessoa é uma empresa em miniatura"[43]. Cada indivíduo é um empresário de si mesmo, sendo seu próprio capital. A vida se converte em um verdadeiro mercado. Mais precisamente: a vida realiza as funções de regulação que o mercado, segundo os economistas clássicos, efetuava. Os neoliberais americanos, graças à radicalização de sua aproximação econômica, descobrem a centralidade da vida e, como veremos, se aproximam muito do conceito de mobilização global que introduzimos.

O neoliberalismo americano compreendeu perfeitamente as mudanças em curso, e soube reagir passando a impulsionar a vida como mercado generalizado. Por trás da redução de impostos, da desconfiança no Estado, da defesa dos valores familiares e do robustecimento da força militar existe o reconhecimento desse feito. Para o neoliberalismo, a própria cooperação é promotora de individualidade. Ao "cooperar", o indivíduo contribui em uma proporção perfeitamente determinável para o produto total. Não se requer, portanto, nenhuma redistribuição, somente o funcionamento de um mercado livre encarregado de estabelecer as diferentes cotas de entrada. A "sociedade de proprietários" (Bush), e "a nação de horistas e proprietários de bens" (Blair) são diferentes maneiras de nomear essa identidade entre vida e mercado dentro da qual subsistimos. No mercado da vida cada um pode se converter em capitalista e ser o capitalista de si mesmo.

A passagem da "vida do mercado" ao "mercado da vida" implica um salto crucial, já que nos põe frente a uma nova centralidade da vida. O interesse que essas reflexões têm para nós

---

[43] NOZICK, Robert. *Anarquia, estado e utopia*. São Paulo: WMF Martins Fontes, 2011.

reside no fato dessa nova centralidade se encontrar fora da esfera econômica. Nossa tarefa deve ser radicalizar esse enfoque de tal maneira que a verdade liberal adquira um significado crítico. Centralidade da vida significará então que hoje "a vida é o campo de batalha" ou, o que é o mesmo, que o fundamento da realidade é a mobilização global. E a mobilização global já não é um fenômeno econômico, mas um fenômeno total.

> 12. *A mobilização global é o mecanismo interno e o limite ao qual aponta a atual globalização neoliberal. Consiste na autorreprodução desta realidade tornada una com o capitalismo, e se efetua mediante a mobilização de nossas vidas. Como fenômeno total que é, pode-se analisar a partir de um ponto de vista macroscópico ou microscópico.*

A mobilização global é, de uma só vez, a causa e o efeito, o conteúdo e a forma, o mecanismo interno e a sua implantação. Nesse sentido, a mobilização global pode ser vista como a interpenetração entre um evento repetido (o descontrole do capital) e uma função (um novo modo de individuação). Essa interpenetração faz da mobilização global um fenômeno total, já que não é mais simplesmente econômica, nem política, nem cultural... Por isso, a mobilização global pode estar na origem da globalização neoliberal, que é, por sua vez, um fenômeno total. Porque a globalização neoliberal nos parece um fenômeno complexo. Um fenômeno espacial que implica uma compressão do espaço graças à revolução informática. Um fenômeno cultural na medida em que a ocidentalização do mundo destrói mundos. Um fenômeno econômico, e especificamente financeiro, pelo qual avança a mundialização dos mercados de capital... Essa aproximação à globalização capitalista será, entretanto, sempre insuficiente, já que na tal enumeração sempre faltará alguma dimensão do fenômeno. Por isso preferimos falar de fenômeno total.

A mobilização global produz essa realidade da qual o espaço-tempo global e a multirrealidade são aproximações. Agora estamos em condições de alcançar uma formulação bem mais direta, que é aquela que a partir deste momento levaremos em consideração. A mobilização global é a (re) produção dessa realidade capitalista, única e explodida, que a obviedade fecha e protege. Na medida em que isso é dado, a mobilização global permanece como uma explicação válida da globalização neoliberal. Mas a mobilização global não se reduz à globalização neoliberal.

A mobilização global pode ser analisada por meio de um ponto de vista macroscópico, cabendo então elucidar qual instância está por trás de sua mobilidade, ou seja, elucidar o movimento plural, mas condicionado (de pessoas, coisas e ideias), que se projeta sobre o mundo. Mas uma análise microscópica também é possível e, então, a unidade de mobilização deve ser estudada. Essa distinção, que é lógica porque se refere de certa forma ao todo e à parte, tem certa utilidade explicativa, porém nada além disso.

O que impulsiona o movimento de mobilização global? A pergunta a respeito do que há por trás desse mobilismo generalizado nos situa plenamente sob a ótica da análise macroscópica, e a resposta que a tradição filosófica nos prepara é a do sujeito transcendental. Kant soube introduzir uma virada copernicana que superou a oposição entre racionalismo e empirismo, e o fez descobrindo o plano transcendental como o novo lugar do sujeito. O plano transcendental não era o nível das coisas nem era um nível psíquico. Era um plano de pura relação lógica. Isso significava que, em Kant, o sujeito era potencializado, pois era ele quem constituía o objeto do conhecimento como resultado final da união entre o que era dado na intuição empírica e o que era fornecido *a priori* pelo sujeito. O que a sociologia moderna fará é trazer o sujeito transcendental kantiano para a realidade. O sujeito transcendental será chamado de rede de redes ou sociedade em rede. Essa operação faz do conceito de rede um dos conceitos-chave da atualidade. Mas o conceito de rede é altamente problemático. A rede implica a primazia da relação e, consequentemente, da conectividade. A rede privilegia o "entre". O resultado dessa concepção é que o social é sempre concebido a partir de unidades (indivíduos, grupos, etc.) que se relacionam por meio do modelo da comunicação. Essa visão interacionista faz desaparecer todos os efeitos das estruturas, assim como as próprias relações de poder. A rede, ou a rede de redes é, então, um conceito que não nos serve para explicar a mobilização global[44].

O objetivo é fazer uma leitura materialista do sujeito transcendental kantiano para recuperar uma causalidade que não seja simples nem politicamente neutra. Existe um precedente interessante. Trata-se de Sohn Rethel[45], que soube opor à síntese kantiana uma síntese social. Diferentemente da primeira síntese, que é idealista, a síntese social seria efetuada pelo intercâmbio de mercadorias. O intercâmbio de mercadorias enquanto promotor dessa síntese social teria uma função unificadora sobre a sociedade. Enquanto fonte de abstração – a abstração da troca –, ela teria sido a matriz que permitiu o surgimento do pensamento conceitual. Na atualidade, essa

---

[44] Permita-me fazer referência ao meu livro *El infinito y la nada* (Traficantes de Sueños, 2003), onde tento mostrar como o conceito de rede pode ser explicado a partir das categorias ou fundamentos da lógica de Hegel.
[45] SOHN-RETHEL, Alfred. *Intellectual and manual labour*: A critique of epistemology. Chicago: Haymarket Books, 2021.

abordagem é insuficiente porque a mobilização global requer ir além do paradigma clássico da exploração.

O sujeito transcendental da mobilização global é o Um. Por trás do mobilismo da mobilização global há uma síntese social realizada pela figura do Um. Esse Um não deve se tornar substancial, pois assim perderia o seu caráter problemático. O Um é a interpenetração entre o descontrole do capital e uma função de individuação. A repetição do descontrole do capital comporta, então, uma individuação que passa pela imposição do "ser precário". Falamos de interpenetração para apontar como o descontrole do capital se constrói materialmente sobre a precariedade generalizada. E isso não como seu efeito, mas como condição necessária. É preciso desde já esclarecer que a imposição do "ser precário" não significa apenas insegurança laboral, mas uma precariedade verdadeiramente existencial. Com o "ser precário" surge um novo tipo de vulnerabilidade.

Para analisar o "ser precário", precisamos determinar o ser do indivíduo em sentido materialista, e o modo mais rápido de fazê-lo consiste em prolongar a abordagem de Marx. Marx sustentava, em sua sexta tese sobre Feuerbach, e esse é um de seus grandes acertos, que a essência dos indivíduos é o conjunto das relações sociais. Pode-se dizer que Heidegger, à sua maneira, reelabora essa tese quando define que o indivíduo enquanto *Dasein* é um "ser-no-mundo". O indivíduo se projeta no mundo porque a existência é *ek-sistência*, ou seja, transcendência, relação com o ser. Sabe-se que o autor alemão dará primazia ao ser em sua relação com o indivíduo, de modo que, ao final, se perde qualquer abordagem materialista. Se ficarmos na estrutura "ser-no-mundo", que é outra forma de dizer a não-essência do indivíduo de que falava Marx, então podemos concluir que hoje o ser do indivíduo é o "ser precário"ou, dito de outra forma, que a nossa inserção na realidade coincide com a nossa forma de ser, e isso é o "ser precário".

O "ser precário" é antes, de mais nada, um novo tipo de vulnerabilidade. Poderia ser feita uma revisão das diferentes modalidades de vulnerabilidade que o homem teve que enfrentar ao longo de sua história. Da vulnerabilidade associada ao perigo real de morte representado pela natureza selvagem àquela associada ao desemprego (com o seu correspondente exército de reserva) como imposição de um estado de empobrecimento no capitalismo clássico. A vulnerabilidade própria da era global é algo novo, pois é uma verdadeira fragilização do querer viver, e querer viver é o que faz de cada um de nós o que somos. O "ser precário" não é um estado, não é algo que acontece e depois desaparece. É uma precariedade existencial causada pela internalização do medo. Para compreender o que implica essa vulnerabilidade de novo tipo, é preciso olhar para o modo como se realiza a individuação. A mobilização global, como mecanismo de individuação que é, impõe a dualidade sujeição/abandono. Seu funcionamento é o seguinte: a mobilização sujeita quando abandona e, quando abandona, sujeita ainda mais[46]. Assim, pode-se afirmar que esse efeito de individuação da mobilização global produz indivíduos singulares em seu isolamento radical. Precariedade significa, então, estar sozinho diante da realidade. Mais exatamente: "ser precário"

---

[46] Normalmente, esse movimento paradoxal de mobilização global tem sido visto a partir da dualidade conexão/desconexão: "Vamos nos concentrar na ferrovia, provavelmente a tecnologia de conexão mais importante da história mundial. A ferrovia traz à tona a relação entre conexão e desconexão: a primeira, afirmo, está em proporção direta com a última. As mesmas linhas servem a ambos os propósitos... Toda conexão acarreta uma desconexão igual ortogonal a ela". NETZ, Reviel. *Alambre de púas*. Una ecología de la modernidad. Barcelona: Clave Intelectual/Eudeba, 2014.

implica estar sozinho perante o mundo, mas, paradoxalmente, envolvido em uma rede de relações.

A imposição do "ser precário" sobre o social não tem como efeito uma igualação generalizada porque a inserção no mundo é certamente diferente para cada um. Portanto, a vulnerabilidade também é diferente. A velha dicotomia "acima/abaixo" é novamente reproduzida. Os que estão no topo, apesar de também serem vulneráveis no sentido que apontamos, estão protegidos. Os de baixo, por outro lado, estão completamente expostos[47]. O grau de vulnerabilidade a que estamos submetidos é medido pelo grau de controle que se tem sobre a própria vida.

A interpenetração entre repetição e individuação, entre descontrole e precariedade, é problemática. Muita precariedade é contraproducente, pois pode paralisar a marcha do capital. É o que acontece quando a precarização excessiva do trabalho tem como consequência a impossibilidade de funcionamento da empresa ou quando o grau de precariedade reduz o consumo. O verdadeiro mal-estar social está, no entanto, associado ao próprio funcionamento da interpenetração, ou seja, à globalização neoliberal. Portanto, devem existir maneiras de administrar o conflito, canalizar a entropia social, integrar o desejo de viver dentro da máquina capitalista. Voltando ao sujeito transcendental, pode-se dizer que o Um – formado pela interpenetração entre fuga e individuação – que está por trás da mobilização global também possui uma espécie de mecanismo formal destinado a alcançar os objetivos declarados de estabilização e pacificação. Esses procedimentos, que explicaremos oportunamente, são a guerra de Estado, o fascismo pós-moderno e o poder terapêutico.

---

[47] O paradigma imunitário introduzido por Roberto Esposito aponta na mesma direção. Ver, por exemplo: ESPOSITO, Roberto. *Bios:* biopolítica e filosofia. Lisboa: Edições 70, 2010.

VI. A necessidade de uma mudança de paradigma

13. *A mobilização global é a mobilização da vida pelo óbvio. Para compreendê-la verdadeiramente, é necessário uma mudança de paradigma. É preciso passar da exploração capitalista para a mobilização de nossas vidas. Esse passo não anula a exploração, mas a radicaliza, já que converte o "ser precário" que somos em "ser marcado". Marcado em um duplo sentido: por um lado, nosso corpo é marcado; por outro, nos convertemos em uma marca (comercial) que tenta sobreviver.*

Com a globalização, as viagens tornaram-se inextricavelmente associadas à vida. A própria vida deixa de estar ligada a um lugar e se transforma em uma vida em viagem. A vida torna-se radicalmente nômade: ao telefone, navegando na *internet*, de carro, de avião. Temos uma vida desterritorializada do espaço e do tempo. Obviamente essa mobilidade, como já dissemos, não é igual para todos, pois estratifica o mundo. Acima estão aqueles que podem se mover; abaixo, aqueles que não podem. O que se chamou de "globalização da biografia" é justamente essa inserção da vida e da viagem, esse viver a vida permanentemente em viagem. Mas o paradoxo é que a jornada inserida na vida não leva a lugar nenhum. Porque não importa onde, apenas o movimento conta. Assim, a vida na estrada é a expressão de um mobilismo puro[48] que atravessa nossas vidas até refazê-las para adaptá-las ao próprio movimento. Um mobilismo que molda e estratifica o mundo.

---

[48] Os *slogans* promovidos pela prefeitura de Barcelona, por exemplo, captam perfeitamente esse mobilismo: *Tots movem Barcelona* (Todos movemos Barcelona) é o mais conhecido.

Esse mobilismo que nos atravessa e que constrói a realidade é o que denominamos de mobilização global. A mobilização global é a autorreprodução dessa realidade que coincide com o capitalismo. O que significa duas coisas. 1) A mobilização global como tal consiste em uma autêntica mobilização das nossas vidas. Nos mobilizamos quando trabalhamos e quando não trabalhamos, quando queremos ser nós mesmos e quando fugimos de nós mesmos... quando nos procuramos. 2) O resultado da mobilização global é a (re)produção dessa realidade única que se apresenta, ao mesmo tempo, como óbvia e explodida.

Para entender a mobilização global, é necessária uma mudança de paradigma. Devemos passar da exploração à mobilização. Esse passo não implica, é claro, o fim da exploração capitalista. Ao contrário, a exploração capitalista é superada no sentido de estar total e absolutamente incluída na mobilização global. Para entender as mudanças que a mobilização global implica, é útil relacioná-la com a exploração capitalista. Poderíamos caracterizar a exploração capitalista como um processo de "redução mercantil", o que supõe

> – A captura do querer viver. É o que acontece quando o homem é sequestrado e colocado para trabalhar na fábrica. Seu tempo de vida torna-se um tempo de morte, e o querer viver com valor absoluto, antes fonte de todos os valores, torna-se valor de troca.
> – A ambivalência do querer viver é reduzida e assim nasce a força de trabalho.
> – Então, finalmente, a lei do valor enquanto indiferenciação produzida pela intercambialidade generalizada passará a reger a sociedade mercantil.

- O capital, que é trabalho abstrato acoplado retroativamente sobre si mesmo, se representará a si mesmo como criador de valor.

Não abordamos as consequências da exploração capitalista: a luta de classes como verdadeiro motor do capitalismo, a alienação generalizada…

Nesse processo de mercantilização vinculado à exploração capitalista, a mobilização global realiza um novo processo de redução: a redução semiológica ou operação de marcação. Essa operação de marcação consiste em uma nova redução da ambivalência do querer viver: o querer viver/força de trabalho agora é fixado como centro das relações, atribuindo-lhe um sentido. Essa determinação ou marcação confere um sentido ao querer viver que, assim, deixa de ser ambivalente. O querer viver adquire um sentido para os outros ou, o que é dizer o mesmo, marcado pelo capital, torna-se uma marca comercial. Dessa forma, nada escapa ao capital que marca tudo e, antes de mais nada, cada um de nós, com a sua impressão. Na era global, "eu sou" significa "eu sou minha própria marca (comercial)". Com ela me identifico, me aproprio dela e, graças a ela, me diferencio dos demais. Meu objetivo será seu crescimento e expansão. Ir da exploração à mobilização significa então passar:

- Do produto (a redução da coisa) para a marca comercial gravada no corpo, à redução total e absoluta da ambivalência do querer viver porque a marca já não deixa nenhum "resto" fora da marca.
- Do capital como criador de valor ao capital como criador de significado ou sentido.

Inscrevemo-nos na mobilização global enquanto indivíduos ou centros de relações. Mais exatamente, o que se deveria afirmar é que a autêntica unidade de mobilização é o indivíduo enquanto consciência. A consciência é o "Eu" construído em um processo reflexivo de escolhas tomadas uma após a outra. É por isso que o "Eu" é um "Eu" múltiplo, descontínuo e flexível, que vive a sua vida como a acumulação de um conjunto de eventos vitais cujo equilíbrio determina o seu sucesso ou fracasso. O "Eu", a consciência, é a marca registrada que eu sou. Em última análise, construo (e possuo) minha consciência como construo (e possuo) uma marca. Porque a marca não pertence ao mundo do comércio, mas ao da comunicação. A minha consciência torna-se a minha marca, e as marcas – que transmitem menos aspectos materiais do que imateriais e subjetivos – competem entre si. É por isso que o esquema de oferta/demanda é obsoleto aqui. A marca é obrigada a significar e reafirmar sua existência, pois do contrário ela desaparece.

Para que a marca funcione realmente, é preciso se mostrar. Por isso a consciência, na medida em que é a unidade de mobilização, tem que se exteriorizar. Na espacialização da consciência atua o processo de redução semiótica. O "Eu", enquanto unidade de mobilização, terá que ser uma consciência espacializada, ou seja, atada ao fluxo sem fim de palavras, corpos e coisas que o atravessam. O "Eu" não possui a si mesmo porque não existe nenhuma interioridade. A interioridade é totalmente exterior: é a minha marca. A temporalidade deixou de ser – como era tradicional no discurso filosófico – a pura interioridade do "Eu". A consciência, ao se espacializar, perde seus atributos mais pessoais para se afundar em uma lógica homogeneizante. Sem dúvida tudo se compra e tudo se vende, mas a mobilização global está a um passo além. A mobilização global é a competição sem piedade entre marcas mediadas pelo dinheiro. Se Hobbes afirmava que "o homem é o lobo do homem", hoje diríamos que o homem é a marca do homem. Os livros empresariais de autoajuda cinicamente divulgam conselhos como "não necessitamos de regras, mas de valores". Para além da primeira surpresa, a frase diz muito bem o que o capital persegue. A marca é o único valor e aumentá-la é o objetivo.

A mobilização global é, então, guerra, a guerra para ser marca. O resultado será o grande teatro do mundo. Esse teatro está constituído a partir de três teatros parciais. O teatro dos empreendedores. São os protagonistas, são os "Eus" com marca. Donos de um capital social rico em redes, em assimetrias de informação. Um capital, enfim, que garante suas vidas, garantindo a eles mobilidade, ou seja, a capacidade de participar no desenho e na gestão de projetos. O teatro de fantoches. São aqueles cuja pobreza de capital social, de contatos e de experiências, condena a uma precariedade submetida ao ritmo da hipoteca. Não são uma marca autêntica, mas também não são uma marca variável. O teatro de sombras. São os outros: o resíduo. Os "Eus" sem marca. Os "Eus" que jamais chegarão a ser sua própria marca.

A mobilização global que (re)produz essa realidade óbvia se confunde com a vida, e falar de biopoder se torna totalmente insuficiente. Não nos encontramos em uma forma de exercício do poder. É muito mais. A vida ocupa agora o lugar do mercado na organização da sociedade. Com a expressão "mão invisível", Adam Smith tentava explicar como um indivíduo, apesar de perseguir seu próprio benefício, acabava favorecendo toda sociedade. Agora, a "mão invisível" é a vida. Na mobilização global, o que o poder faz para dominar a vida é o que a própria vida realiza em favor de si mesma. O que significa dizer: a circularidade do viver – o fato de que o querer viver é uma decisão sempre do próprio querer viver – coincide com a circularidade da produção, que é produção da produção. Não existem frestas, e é difícil romper a circularidade entre vida e política. Mas o resultado mais importante ao qual chegamos é que a consciência foi conquistada. O "Eu", a consciência espacializada enquanto unidade de mobilização, foi convertida em uma marca (capitalista). Quando a consciência é uma simples marca, já não se pode falar de alienação. Esse termo se torna insuficiente para se referir a um processo que não é de mera colonização. O que acontece é que o "Eu", no seu mais íntimo, é capitalismo. Nós somos e atuamos como uma marca. Não se trata de mercantilização – que seria uma forma de alienação econômica –, já que a mercadoria, em última instância, continua tendo uma relação com o valor de uso. Trata-se menos ainda de alienação em um sentido mais existencial. A alienação, nesse caso, não é mais que uma autodivisão que pode se tornar completa. Quando nosso "Eu" se converte em uma marca (comercial), já não sobra nenhum resto fora dela. Já não é possível nenhuma forma de reapropriação porque não há nada para se reapropriar.

Com a mobilização global, triunfa a realidade capitalista e se afirma o imperialismo do sentido. O sentido – que é o sentido do óbvio – chega aos lugares mais remotos e, como a água, encharca a realidade.

VII. A democracia: uma articulação de Estado-guerra e fascismo pós-moderno

> 14. *A mobilização global, para poder se desdobrar com êxito, precisa antes de mais nada de um formalismo capaz de gerir os conflitos que o descontrole do capital produz, de canalizar as expressões do querer viver, de neutralizar o político... Esse formalismo é a democracia. Na época global, a democracia deixa de ser uma forma de governo para se converter em uma forma de Estado. Nesse sentido, diremos que a democracia, na atualidade, não é mais do que a articulação entre o Estado-guerra e o fascismo pós-moderno. A crítica da democracia deve ser reinventada. Nem a crítica marxista nem a crítica conservadora são suficientes.*

A época global põe em crise as diferentes categorias políticas da modernidade, mas há uma categoria que permaneceu incólume: a democracia. A democracia, apesar de sua deslegitimação total – não custa lembrar dos níveis de abstenção e do desprezo pelos políticos profissionais – sempre se salva porque parece ter um valor em si mesma. Não se sabe muito bem qual é esse valor intrínseco, e hoje as críticas se agravam[49]. É bem verdade que se a democracia, na sua história, era uma prática de domínio, também constituía um projeto de emancipação. Quando se fala de radicalização da democracia ou de salvar a política, se está simplesmente enganando, porque se esquece de mencionar esse novo estatuto da

---

[49] Ver TRONTI, Mario. Per la critica della democrazia politica. AAVV: *Guerra e democracia*. Roma, 2005. Ver também HERMET, Guy. *El invierno de la democracia*: auge y decadencia del gobierno del pueblo. Madrid, 2008.

democracia. Democracia significa Estado democrático. Submeter a democracia à crítica radical é mostrar que se trata de um formalismo complexo que abarca desde o sistema de partidos até as leis estrangeiras, passando pelos novos ordenamentos civis.

A democracia muitas vezes se aproxima da noção de mercado. A primeira tentativa foi feita por Schumpeter por meio de sua teoria da liderança competitiva. O que esse economista fez foi estender a competição para a esfera política, de modo que o papel político exercido pelos cidadãos se esgotava na seleção de uma liderança competente[50]. Essa interpretação econômica da democracia, e todas as parecidas, se baseia em estabelecer uma analogia entre mercado e democracia. A democracia é, simplesmente, um mecanismo de mercado: os eleitores são consumidores e os políticos são os empresários. Mises dizia corretamente que essa comparação não é tão precisa[51]. Em vez disso, hoje, quando o capitalismo coincide com a realidade, estamos além da comparação. Não é mais uma analogia, mas uma realidade efetiva, pois a democracia foi incluída no mercado. Mais especificamente: a democracia (realmente existente) foi subsumida pelo mercado, e o mercado pela mobilização total da vida.

Afirmar que tanto a democracia quanto o mercado foram subsumidos na mobilização global significa que o *homo*

---

[50] "Então vamos defini-lo assim: o método democrático é aquele sistema institucional no qual, para chegar às decisões políticas, os indivíduos adquirem o poder de decidir por meio de uma luta competitiva pelo voto do povo." SCHUMPETER, Joseph A. *Capitalismo, socialismo e democracia*. São Paulo: UNESP, 2017.

[51] "Nas democracias, apenas os votos depositados a favor do candidato triunfante gozam de significado político efetivo. Os votos da minoria não têm influência. No mercado, pelo contrário, nenhum voto é em vão". *Ibidem*.

oeconomicus coincide com o *homo democraticus*. Para Tronti, a figura que corresponde a esse novo homem é a do "burguês-massa"[52], assemelhando-se a do "trabalhador-massa" de que falava o operaísmo. Essa designação se enquadra na hipótese de uma dissolução progressiva do Estado democrático na sociedade burguesa. Se essa tendência evolutiva não for aceita – e depois do que dissemos sobre a mobilização global, isso parece bastante claro –, o uso da palavra "indivíduo" é mais conveniente. Do mercado à democracia, a mobilização global mobiliza o indivíduo com suas identidades contingentes (trabalhador, cidadão...) organizadas em torno do querer viver como instinto de sobrevivência. Apesar disso, o neoliberalismo e até mesmo o discurso político social-democrata insistem em continuar a distinguir o consumidor e o cidadão, o mercado e a democracia. O máximo que se pode fazer é propor uma complementaridade entre democracia e mercado[53]. É absolutamente necessário salvar a democracia para legitimar a sociedade de mercado, como se a democracia constituísse o último álibi para a justificação de um sistema que se sabe necessariamente um produtor de desigualdades. A palavra "democracia" é um talismã com o qual inclusive pretendem pacificar os conflitos, e por isso é exportado com guerras que se dizem humanitárias.

A democracia que eles querem salvar não existe mais. Mosca e Pareto, os teóricos conservadores que defendem as elites governantes, fizeram uma crítica devastadora da

---

[52] TRONTI, Mario, *op. cit.*

[53] "O mercado e a democracia mostram-se, ao contrário do pensamento majoritário, como complementares e não incompatíveis, dado que o sistema econômico proporciona um aumento da adesão ao sistema político, e a democracia, ao reduzir a incerteza econômica, torna os resultados da economia de mercado aceitáveis". FITOUSSI, Jean-Paul. *A democracia e o mercado*. Lisboa: Terramar, 2005.

democracia como forma de governo. Ambos coincidem em destacar a existência de um grupo minoritário na sociedade encarregado de dirigi-la. Essa "classe política" ou "elite" se distanciou e escapou do controle da maioria. Como consequência disso, a democracia foi reduzida apenas a um método para a seleção e a renovação dos grupos dirigentes. Nessa perspectiva, as massas contavam apenas com um papel subalterno. Essa crítica da democracia que antecipava a formulação de Schumpeter é insuficiente porque ainda é formal. É necessária uma crítica da democracia que aponte para seu próprio conteúdo. Pois bem, essa crítica radical já pode ser feita porque: 1) a democracia se realizou plenamente como Estado democrático; 2) a crítica não precisa propor uma alternativa e pode ir ao fundo. Em suma, a crítica da democracia realmente existente é a crítica não de uma forma de governo, mas do próprio Estado democrático. Trata-se, portanto, de analisar o Estado democrático ou, o que é o mesmo, de trazer à tona a articulação interna da própria democracia. Seguiremos dois caminhos. Em primeiro lugar, partiremos da crítica à democracia liberal feita por Carl Schmitt. Em segundo lugar, estudaremos os processos concretos pelos quais passa atualmente o Estado democrático. Ambos os caminhos – histórico-conceitual e sociológico –, por conduzirem ao mesmo resultado, se reforçam mutuamente.

Sabe-se que Carl Schmitt critica e se opõe ao parlamentarismo. Mas o que se deve declarar imediatamente em seguida é que essa crítica não visa tanto a forma de governo quanto o próprio sistema político. O que Carl Schmitt critica é a democracia representativa ou pluralista. Para ele, a democracia liberal é autocontraditória, pois não há complementaridade entre democracia e liberalismo, mas oposição[54]. A partir disso, pode-se concluir que é uma contradição falar de democracia pluralista. A democracia – definida como "a identidade entre governantes e governados" – implica homogeneidade, e a homogeneidade deve ser construída mesmo que isso signifique eliminar o heterogêneo. Deixando de lado outros argumentos que abundam no mesmo sentido, a solução de Carl Schmitt passa pela defesa de uma democracia plebiscitária. Somente uma ditadura soberana, que se apoia no poder constituinte do povo, pode superar a contradição interna da democracia pluralista, já que, em última instância, democracia e ditadura não são termos inconciliáveis. Evidentemente, a solução do jurista alemão é rechaçada por todos os democratas. Sua crítica à democracia liberal é aceita como um alerta para os perigos que a ameaçam, mas sua proposta decisória é negada. Os mais ousados afirmam que "longe de lamentar essa tensão [entre democracia e liberalismo, entre igualdade e liberdade], devemos agradecê-la e considerá-la como algo a se defender, não a se eliminar"[55]. Se aceitarmos que atualmente o trânsito da democracia como "forma de governo" ao "Estado democrático" não corresponde a uma simples abordagem teórica, mas tem sido efetuada na realidade, então deve-se admitir também que a contradição interna persiste, embora deslocada. Em outras palavras, a contradição interna da democracia liberal não foi totalmente resolvida como queria Carl Schmitt

[54] "É necessário separar ambos, democracia e liberalismo, para compreender a construção heterogênea que constitui a moderna democracia de massas. Toda verdadeira democracia se baseia no fato de que não apenas o igual é tratado de forma igual, mas, como consequência inevitável, o desigual é tratado de forma desigual". SCHMITT, Carl. *A crise da democracia parlamentar*. São Paulo: Escrita, 1996.

[55] MOUFFE, Chantal. *O regresso do político*. Lisboa: Gradiva, 1996.

nem foi deixada em aberto como uma "indeterminação radical", como gosta de dizer Claude Lefort. O individualismo liberal, enquanto lógica pluralista, significa (re)produção de diferenças, e o nome mais apropriado para isso é fascismo pós-moderno. A homogeneidade democrática como lógica da identidade é a imposição de um fundamento, e o nome mais adequado para isso é Estado-guerra. Assim, podemos afirmar que a "democracia realmente existente" é a articulação do Estado-guerra e do fascismo pós-moderno. Nessa articulação complexa e sempre concreta, persiste, reformulada, a contradição interna que Carl Schmitt soube ver.

Uma das questões mais debatidas da globalização atual, e com a qual a maioria dos autores concorda, é a crise do Estado-nação. É fato que os mercados financeiros passaram a regular sua própria dinâmica de desenvolvimento, a tal ponto que se fala até que os "mercados" podem votar a favor ou contra determinada política de governo. Os Estados teriam perdido, então, seu poder de regulação, assim como os cidadãos teriam perdido, por sua vez, a capacidade de colocar e mudar governos. Teria triunfado uma espécie de "eleitorado econômico global" que nada mais seria do que o correlato – na forma de um sujeito fictício – do processo de descontrole do capital. Assim, se avançaria para uma rede global de "conexões espaciais e interdependências funcionais"[56], quase se podendo falar do nascimento de uma nova forma de soberania. Mas e se a espacialidade diante de nós não pudesse ser encerrada em uma unidade? Ou, de outra forma, e se o capital global não tivesse nenhuma soberania global e, portanto, não pudesse ser confinado ao Um? A globalização rompe o quadro nacional

---

[56] ZOLO, Danilo. *Globalizzazione*: Una mappa dei problemi. Roma: Laterza, 2005.

e, ao mesmo tempo, o afirma. Surgem Estados-regiões mais homogêneos e competitivos. Os governos defendem o "patriotismo econômico". Os novos Estados proliferam como forma de administrar – por parte das grandes potências – os conflitos locais. Em última análise, emerge uma complexa espacialidade reticular que, no entanto, opera de forma binária: integrando/excluindo. Essa espacialidade, na sua dimensão política, organiza-se em torno de dois processos que tendem a se sobrepor: 1) Uma renacionalização do governo cujo resultado é o Estado-guerra. 2) Uma desgovernamentalização do Estado cujo resultado é o fascismo pós-moderno.

A reestatização do governo ocorre para enfrentar o conflito caótico que se alastra como efeito da própria globalização neoliberal. A explosão das desigualdades entre Norte e Sul, a violência nas periferias das cidades, tudo parece indicar que a globalização, como operação abstrata, carrega incertezas essenciais. É como se o imediatismo entre proximidade e distância produzisse uma ingovernabilidade imanente no próprio mundo. O Estado-guerra surge para fazer frente a essa situação que o descontrole do capital origina. Não se pode afirmar que o Estado-guerra tenha nascido com o atentado de 11 de setembro de 2001. Contudo, o atentado sem dúvida constitui o desencadeador dessa reestatização. Por trás do 11 de setembro, a política de Estado posta em marcha pelo governo americano teve como objetivo implantar uma "guerra contra o terrorismo". Para entender o que se produziu verdadeiramente, é preciso deixar em segundo plano a dinâmica militarista e se fixar no fato central: a política se converteu em guerra. Para o Estado-guerra, a política, por se organizar em torno da dualidade amigo/inimigo, é necessariamente uma guerra. Não se deve confundir o Estado-guerra com o estado de exceção nem com o simples exercício da repressão. O Estado-guerra é um dispositivo capitalista de produção de ordem que canaliza a violência associada ao descontrole do capital. Enquanto dispositivo, serve como uma máquina de simplificação e morte.

A desgovernamentalização do Estado também visa administrar o conflito decorrente da acumulação do capital, e consiste na dissolução do Estado democrático em uma pluralidade de tecnologias sociais que redirecionam o desejo de viver. Esta (auto)mobilização da vida se realiza graças a uma multiplicidade de organizações (governamentais e não governamentais) que têm funções reguladoras nos mais diversos domínios. Estamos em pleno fascismo pós-moderno. Se o Estado-guerra supunha um exercício heterônomo do poder, o fascismo pós-moderno é construído com base na autonomia dos próprios indivíduos.

> 15. *O Estado-guerra é um dispositivo capitalista de produção de ordem em três sentidos: como dispositivo de interpretação da realidade; como dispositivo de sobredeterminação das relações; e como dispositivo de mascaramento da realidade. O 11 de setembro é a data simbólica de sua aparição, embora o Estado-guerra não se reduza ao Estado americano. A desvalorização do Estado-nação significa seu renascimento como Estado-guerra.*

Dizer que o Estado-guerra surge significa afirmar que ele se autoproduz. Seria necessário falar de autocriação, no sentido de que nada preexiste a ele ontologicamente e, portanto, politicamente. O Estado-guerra não se deduz, não precisa se justificar, ele se autoestabelece: põe a si mesmo em sua necessidade intrínseca. Para ele, a política é guerra. Se Hobbes defendia o Estado como aquele organismo que, ao invés de nos fazer perder liberdade, tirava-nos de uma situação de enfrentamento e guerra, agora é o contrário. O Estado-guerra surge e tem como primeira finalidade fazer guerra. Mas fazer guerra é, antes de mais nada, interpretar a realidade, tornar transparentes os acontecimentos com o fim de nos colocar em uma posição passiva e expectante. A forma de fazer isso se dá por meio do ataque preventivo ou do ataque antecipatório, peça central da nova estratégia de defesa. Se toda interpretação exerce violência sobre a realidade, nesse caso a violência é verdadeiramente real. Graças ao ataque preventivo, o Estado-guerra dissolve a opacidade da crise, torna visível seu adversário e oferece uma saída para a crise. Mas a interpretação da realidade assim realizada também tem outra consequência importante: o Estado-guerra é colocado como fundamento da própria realidade. Quando a ordem não tem mais uma instância transcendente que a justifique (Deus, o Imperador, um Mundo transcendente...), quando a ordem não pode mais ser fundamentada e, portanto, deve ser esvaziada de conteúdo e formalizada, então o Estado-guerra aparece como o seu único fundamento. Como fundamento de uma realidade que coincide com o capitalismo. Diante da crise dos fundamentos pós-modernos que perduram na era global, o Estado-guerra surge como a resposta. O Estado-guerra, querendo reabilitar o pensamento estratégico, é colocado como o único fundamento verdadeiro da ordem.

A realidade capitalista em que vivemos é caracterizada pelo aumento e diversificação dos atores presentes, pela interligação e multiplicação dos conflitos e pela impossibilidade de conter o conflito dentro de uma dialética. A violência caótica (buracos negros, insubordinação, confrontos, etc.) se espalha. Ou, o que dá no mesmo: a guerra se estende porque vai além de seus próprios limites (que são a dualidade amigo/inimigo) até abarcar tudo. A guerra, como o capital, também se descontrola[57]. Sendo assim, a solução militar clássica baseada na correlação de forças militares é totalmente insuficiente[58]. Esse conflito caótico só pode ser reconduzido mediante uma organização heterogênea (não exclusivamente militar). Por isso o Estado-guerra não pode ser meramente um Estado militar ou um Estado policial, já que significaria encaminhar-se para um fracasso absoluto.

O Estado-guerra tem que ser um dispositivo de sobredeterminação das relações, ou seja, um dispositivo capaz de redirecionar qualquer relação para uma relação de sentido, poder ou exploração. A forma de fazer isso consistirá na imposição de uma "política da relação" que economize o momento da decisão e neutralize o político. Não a política, obviamente, que é a guerra. Mas isso é autocontraditório. Na medida em que o Estado-guerra sobredetermina as relações existentes, pode-se dizer que (re)produz o mundo. O Estado-guerra cria seu próprio mundo. O mundo que habitamos. Um mundo sem espaço ou tempo. Mais exatamente: um mundo feito de um espaço de lugares (vulneráveis) e de um tempo não histórico, que é o da decisão do poder. Em última análise, pode-se dizer que o Estado-guerra captura a guerra para si, faz com que ela trabalhe a seu favor. Somente então ele pode criar seu próprio mundo[59].

---

[57] Em um dia (19 de agosto de 2008) puderam ser contadas as seguintes ações de "guerra": um centro de recrutamento na Argélia, um hospital no Paquistão, um bloqueio na Turquia, uma base americana e outra francesa no Afeganistão.

[58] Basta pensar na guerra no Iraque ou no Afeganistão.

[59] Por isso o *slogan* chave – e também o mais interessante – do movimento contra a guerra do Iraque foi "qual é a sua guerra?" Essa pergunta tinha o potencial de abrir caminho para uma posição que não fosse simplesmente pacifista.

Temos o Estado-guerra e o mundo, o seu mundo. Para realizar as operações por trás dele (interpretação e sobredeterminação), o Estado-guerra deve ser também um dispositivo de mascaramento, ou seja, deve ter os filtros apropriados. O Estado-guerra requer um filtro para esconder o que vem dos limites do seu mundo (porque não há Fora) e um filtro para esconder sua própria fragmentação interna (a existência de diferentes estratégias de reorganização do mundo: mais política, mais militar, etc.). O dispositivo de mascaramento consistirá basicamente na produção de uma grande história unificadora: "O Ocidente contra o Mal" (antes o Mal era a URSS, agora é o terrorismo). O Ocidente é reivindicado como um conjunto de valores comuns, como mercado livre, propriedade privada, antiestatismo, individualismo, etc., que se tenta promover. Essa grande história – que se pretende antiniilista, ainda que a marcha do Estado-guerra seja completamente niilista, já que é um processo de indiferenciação – culmina em um contrato social. Esse contrato, que está por trás do Estado-guerra, estabelece a (paradoxal) igualdade entre segurança e liberdade.

16. O Estado-guerra é a forma de Estado do fascismo pós-moderno. Mais diretamente, o Estado-guerra é uma das faces da democracia enquanto forma de dominação. Sua outra face é o fascismo pós-moderno. O fascismo pós-moderno consiste na dissolução do Estado democrático em uma pluralidade de tecnologias sociais que redirecionam o desejo de viver. O fascismo pós-moderno é, sobretudo, um regime de governo feito para induzir comportamentos.

O fascismo pós-moderno é construído sobre a autonomia dos indivíduos. Como tal, é uma forma de governo baseada na (auto)gestão da própria autonomia. Por isso, o fascismo pós-moderno não deve ser confundido com mera normalização. Deixamos para trás as formas de dominação típicas das sociedades disciplinares, embora evidentemente elas não desapareçam, apesar da crise que as atravessa. O fascismo pós-moderno nos constrói como sujeitos autônomos, isto é, como sujeitos que aderem livremente às suas crenças, que vivem os estilos de vida que escolhem e que também acreditam (acreditamos) dispor de nossas próprias vidas. Somos sujeitos livres assujeitados, assujeitados ao que livremente escolhemos.

O fascismo pós-moderno é uma forma de exercício do poder que vai além da dualidade controle/autocontrole, pois constitui uma trama de poder que se confunde com a vida. O fascismo pós-moderno permite algo extraordinário: que a própria vida seja a forma autêntica de dominação, que a própria vida seja a nossa prisão. Isso significa, na prática, que tanto as categorias da filosofia existencialista (liberdade, projeto, emoções...) quanto às categorias das filosofias da diferença (diferença, Outro, cultura...) tornam-se uma função da ordem.

– A liberdade, no fascismo pós-moderno, constitui um modo de sujeição. Mediante a livre escolha somos acorrentados à forma sujeito.
– O projeto é, por sua vez, a maneira como nos inscrevemos na mobilização. A autorrealização, a busca de si mesmo, tem uma função absolutamente integradora.
– As emoções são geridas e reconduzidas. Se impulsiona um sentimentalismo generalizado em um mundo no qual só há vítimas, já que as figuras políticas (opressor/oprimido etc) desaparecem.

– Se anula a diferença, mesmo pretendendo salvá-la. O fascismo pós-moderno esteriliza o Outro, evacua o conflito do espaço público e neutraliza o político.

O fascismo pós-moderno governa tornando a própria vida uma prisão. O seu modo de funcionamento se dá por meio de *slogans* e imagens que promovem a (auto)mobilização permanente. No entanto, as unidades de mobilização não são o homem-massa do fascismo clássico, mas o homem que carrega sua própria diferença. As diferenças são reconhecidas a fim de serem utilizadas como elementos coesivos da ordem social.

O fascismo pós-moderno aparece como a apoteose da diferença, quando, na realidade, corresponde ao mais forte e opressor consenso. Mas sua apresentação nunca é política, e sim cultural. Afirma ser um governo antipolítico que apela à coexistência das diferentes formas culturais existentes na metrópole. Por isso é moralizante, e diante da política que divide, defende a união na diferença. Agora, essa diferença foi completamente eliminada das arestas políticas. Os confrontos que acontecem e os problemas que surgem são redirecionados para uma simples questão de gosto, para opiniões pessoais, todas com direito a existir. O confronto desaparece na medida em que não há espaço político, mas apenas uma esfera pública feita de opiniões. Opinião ou um especialista, não há outra opção. Os debates na rádio ou na televisão respondem à mesma abordagem e prolongam esse esvaziamento do discurso na sociedade. Não há outra maneira de falar. Por outro lado, o público e o privado se fundem, fazendo da opinião uma história íntima. Então a despolitização atinge sua expressão máxima.

Esse redirecionamento do discurso para o mundo da opinião é acompanhado pela generalização do entretenimento como formato de apresentação. A falsa "morte das ideologias" abriu caminho para o entretenimento como um formato natural e único de experiência. É o modelo da televisão. O entretenimento estende-se aos campos do conhecimento e às mais diversas atividades. Existem três regras na televisão: 1) Não são assumidos pré-requisitos (conhecimentos, saberes, etc.); 2) Não se deve causar perplexidade (o que implicaria um esforço de compreensão, motivaria uma memória); e 3) A explicação deve ser evitada, pois aborrece e cansa. Quando tudo é lido, visto ou interpretado sob a chave do entretenimento, a censura não é mais necessária. Dentro do quadro que o entretenimento abre, tudo se torna irrelevante, degradado, confuso. Não é preciso lembrar que o objetivo principal do entretenimento é infantilizar.

O mundo da opinião mediatiza o discurso, o entretenimento molda a experiência. O resultado é que tudo pode ser dito, mas de nada serve. Não se deve esquecer, no entanto, que o fascismo pós-moderno ainda é fascismo. Mas à sua maneira. Nesse sentido, sua face mais visível é o discurso da civilidade ou, de forma mais geral, da cidadania. Esse discurso se impõe por sua obviedade: quem vai se opor à convivência coletiva? O cidadão, o bom cidadão, é o que colabora e segue ao pé da letra os *slogans*. "Não urine na rua", "não pendure cartazes ou bandeiras porque poluem o espaço público", etc. As ordenações cívicas regem comportamentos que abrangem toda a esfera da vida social, e o fazem como uma espécie de infrapenalidade que vai onde o grande direito não chegou. Seu principal efeito é neutralizar o político, pois trata administrativamente, por meio de multas, qualquer infração. Essa equalização de todo ato – sempre uma violação das regras de convivência – despolitiza radicalmente o espaço público. Por outro lado, o discurso da construção cívica do cidadão pretende ser inteiramente político. E até certo ponto o é, porque, no fundo, é uma defesa da democracia, embora, em vez de produzir uma consciência política, quer produzir um comportamento cidadão. O cara a cara com o insuportável desaparece. Tudo passa por um laboratório que é convenientemente gerido. O fascismo pós-moderno dá sentido às nossas vidas e cria um simulacro da sociedade.

> Ele teria se contentado com a prisão. Terminar como prisioneiro, esse era um objetivo na vida. Mas era uma gaiola. O barulho do mundo penetrava imponente e indiferente, como em casa, pelas grades. O preso era realmente livre, podia participar de tudo, nada do que acontecia fora lhe escapava. Ele poderia ter saído da gaiola, as barras se mantinham a uma distância de um metro. Ele nem estava na cadeia.
>
> – Kafka

17. *O Estado-guerra é um dispositivo capitalista de produção de ordem. O fascismo pós-moderno é uma máquina de mobilização. No entanto, não são elementos preexistentes de uma dualidade, mas construídos na mesma articulação. Por isso a democracia, que é sua articulação, é sempre concreta e ao mesmo tempo problemática.*

A articulação entre o Estado-guerra e o fascismo pós-moderno é problemática porque:

– O Estado-guerra possui uma lógica interna implacável: o inimigo deve ser exilado e eliminado. Sua característica é a coerência. Sua ação se baseia na propaganda. É homogeneizador.

– O fascismo pós-moderno possui uma lógica interna informe e não-coerente. Sua ação se baseia na comunicação. É produtor de diferenças.

– O Estado-guerra tem elementos do fascismo clássico: um chefe soberano, um povo, a morte como gestão da vida. A unidade de mobilização é o homem massa "ameaçado" pelo terrorismo.

– O fascismo pós-moderno é uma forma de poder amorfo, dissolvido no social. A unidade de mobilização é, ao contrário, o homem com sua autonomia e enquanto portador de um projeto.

– O Estado-guerra remete a um mundo uno. A uma realidade unívoca, sem tempo nem espaço. Esmaga a multirrealidade.

– O fascismo pós-moderno remete a um mundo múltiplo com uma multiplicidade de tempos e um espaço explodido. Aumenta a multirrealidade.

– O Estado-guerra usa o medo para sujeitar. Politiza, à sua maneira, tudo que toca.

– O fascismo pós-moderno usa a esperança para sujeitar. Despolitiza e torna difícil construir qualquer forma de antagonismo

– O Estado-guerra possui uma lógica vertical.

– O fascismo pós-moderno possui uma lógica horizontal.

A democracia é – toda democracia, concretamente – uma combinação de Estado-guerra e de fascismo pós-moderno. Ambos são o Mesmo, mas essa mesmidade é problemática e deve se constituir permanentemente. Quando os mesmos defensores da democracia liberal afirmam que "não se pode conceber nenhum regime que, em certo sentido, não seja oligárquico; a própria essência da política é que as decisões sejam tomadas não pela, mas para a coletividade"[60], a crítica da democracia deve ser completamente reformulada. Se a democracia é a articulação de duas práticas diferentes, de duas lógicas opostas, sua crítica só pode ser a tentativa de separar ambas as lógicas. Atacar a democracia é quebrar a sua articulação interna[61]. Depois do que foi dito, parece bastante claro que insistir em opor a democracia (ou suas variantes cosmopolitas) ao neoliberalismo é um beco sem saída[62]. É uma posição política ingênua ou diretamente cínica. De certa forma, Marcuse estava certo ao afirmar que o Estado totalitário e autoritário é o fim obrigatório dos pressupostos liberais[63]. O que acrescentamos é que a democracia – o Estado democrático, a articulação do Estado-guerra e do fascismo pós-moderno – é o formalismo que melhor serve ao descontrole do capital. Em suma, a democracia é o instrumento que permite uma gestão capitalista da multirrealidade.

---

[60] ARON, Raymond. *Democracia e totalitarismo*. Lisboa: Presença, 1966.
[61] As tentativas de propor um outro conceito de democracia "subversiva", como faz, por exemplo, Rancière em *Ódio à democracia!* (Boitempo, 2014), estão, infelizmente, fora do lugar e do tempo.
[62] As citações podem ser muitas, por exemplo, U. Beck.
[63] MARCUSE, Herbert. *Cultura e sociedade*. São Paulo: Paz & Terra, 2007.

VIII. O poder terapêutico

18. *A democracia é o formalismo (Estado-guerra e fascismo pós-moderno) que canaliza a mobilização global. Mas esse formalismo não é suficiente por si só e requer a colaboração do que propriamente – e respeitando o seu significado jurídico – chamaríamos de uma seguradora. A seguradora privatiza nossa vida e a vincula a um contrato: viver não será viver, mas poder dispor de uma vida concedida. Esse contrato que se confunde com a vida é o contrato terapêutico, e a seguradora, que é a forma de poder por trás dele, tem, claro, o nome de poder terapêutico.*

Com a mobilização global deu-se uma virada epistemológica: a passagem do objetivo ao subjetivo. O capital deixou de pilotar a luta de classes – estamos nos referindo ao uso capitalista da luta dos trabalhadores em termos do próprio desenvolvimento capitalista – para se encarregar de nos construir como sujeitos da mobilização. Sujeitos sustentados de múltiplas formas, embora sempre atravessados pelo "ser precário", que faz com que todos os significados integrem essa mobilização global que eles sustentam e impulsionam. Mas esse novo modo de individuação exigia uma mudança no exercício do poder. O poder tinha que se tornar poder terapêutico. Essa forma de poder tem como objetivo impor a persistência do "ser precário". O ser precário tem que persistir, porque implica um tipo de vulnerabilidade que produz o máximo de benefícios para o capital. Nessa perspectiva, o poder terapêutico atuará no sentido de adequar o desejo de viver à realidade e, ao mesmo tempo, desabilitar politicamente todo tipo de mal-estar social que possa produzir.

Impor a persistência do "ser precário" significa, sobretudo, que o querer viver não foge do "ser precário" e não há escapatória quando se está preso à-vida-que-se-tem. Nesse sentido, o poder terapêutico se mostra verdadeiramente como tal: age sobre o indivíduo fazendo com que a vida se confunda com uma terapia. Em outras palavras, o poder terapêutico faz com que vivamos a vida em função da própria vida. Pode-se dizer que o poder terapêutico nos "(im)põe a vida". Em outras palavras: 1) nos "impõe" a ter uma vida; 2) "coloca" a vida à nossa disposição. E, não se pode esquecer, essas nada mais são do que as duas condições que configuram o sujeito da mobilização: produzir-se como vida privada. Agora, se percebe que o nome do poder terapêutico não tem tanto a ver com uma simples e evidente proliferação de disciplinas "psi", mas com a possibilidade de uma estratégia geral de individuação na era global.

O poder terapêutico nos (im)põe a vida para que o "ser precário" persista e, dessa forma, nos prenda à realidade. Embora essa vida concedida seja uma vida privada e insustentável, em crise permanente e com o mínimo de vida para poder continuar trabalhando. Com a finalidade de impedir que possamos nos compreender como a vida dilacerada que somos, encampa as estratégias mais diversas: a exorcização do vazio (infantilização, entretenimento, etc.), a intensificação do presente, a insegurança mediante o fluxo imparável de imagens e música.

Dessa perspectiva, não é que a vida seja posta para trabalhar, é que a vida mesma deixa de ser um dado objetivo para se converter em algo subjetivo: viver é "trabalhar" nossa própria vida, ou dizendo mais claramente, viver é gerir nossa própria vida. Foi dito muitas vezes que o trabalho era a melhor terapia para manter controlados os doentes mentais, especialmente os mais violentos[64]. Pois bem, hoje teríamos que afirmar que a própria vida é essa terapia. Uma terapia de controle e dominação. Embora possa parecer inusitado, o efeito repressivo da obrigação de trabalhar é reformulado como obrigação de "ter uma vida". Agora se pode entender plenamente a afirmação que fizemos no início do livro: hoje a vida é o campo de batalha. A vida, nesse sentido, consiste em nada mais do que uma atividade privada cuja finalidade é produzir uma vida privada. Não somos nada mais do que vidas (privatizadas) mobilizadas para reproduzir essa realidade unificada com o capitalismo. Essa mobilização global reserva um destino diferente para cada vida. Transforma alguns em vidas hipotecadas, outros em resíduos, outros em empreendedores de si. O resultado é, no entanto, comum, já que em todas elas o estado predominante é o de "estar sozinho".

O poder terapêutico atua como uma verdadeira seguradora. No *Dicionário da Real Academia Espanhola* encontramos os seguintes significados da palavra "*assegurar*": "fixar solidamente; colocar em condições de não poder fugir ou defender-se; tranquilizar, inspirar confiança; preservar, proteger de danos; dar firmeza ou segurança em hipoteca ou penhor que

---

[64] "Pegue uma pessoa furiosa, coloque-a numa cela, ela destruirá todos os obstáculos e se entregará aos mais cegos ataques de fúria. Agora contemple-o carregando terra: ele empurra o carrinho de mão com uma atividade transbordante e volta com a mesma petulância para procurar uma nova carga que também deve carregar: é verdade que grita, que xinga ao mesmo tempo que dirige o carrinho de mão... Mas sua exaltação delirante nada mais faz do que ativar sua energia muscular que é canalizada em benefício de seu próprio trabalho". PINEL, S. *Traité complet du régime sanitaire des aliénés*. Paris, 1836.

assegure o cumprimento de uma obrigação". Todos eles são válidos, mas estamos especialmente interessados no significado legal. O poder terapêutico é o seguro da mobilização global na medida em que estende o contrato terapêutico a toda a sociedade. Esse contrato assume a forma de uma hipoteca: viver será pagar "a dívida da vida" que se contrai porque temos uma vida à nossa disposição. Em suma, "ter uma vida" e não apenas viver, compensa. Por isso, nossa vida se torna uma vida hipotecada. Ao mesmo tempo, o poder terapêutico, ao nos oferecer uma vida hipotecada, corre o risco de não ficarmos satisfeitos com ela e, ao invés de administrarmos nossa vida, decidamos fazer dela um ato de sabotagem. O conceito de "seguradora" funciona nos dois sentidos.

Viver é "ter uma vida", incorrer em uma dívida vitalícia que nos torna culpados. Não é à toa que em alemão a palavra dívida (*Schuld*) significa tanto dívida quanto culpa, como Nietzsche bem sabia. Somos culpados de ter uma vida que devemos, o que gera uma interioridade, um verdadeiro espaço de medo. Sobre esse Eu-dependente e medroso se construirá a unidade de mobilização. O poder terapêutico é a seguradora da mobilização global na medida em que contribui para a ação do formalismo democrático. Essa colaboração é especialmente notável em relação à atuação do fascismo pós-moderno. Por um lado, como já dissemos, ajuda na constituição da unidade de mobilização; por outro, multiplica os efeitos de despolitização do fascismo pós--moderno. O poder terapêutico apaga o inimigo. O poder se veste de terapeuta e o oprimido se transforma em doente. O terapeuta dá segurança, e é o próprio doente quem busca essa segurança. O poder terapêutico absorve as frustrações que poderiam desencadear uma rebelião. Em última análise, o contrato terapêutico faz de mim o único responsável pelo que me acontece. A individualização privatizante que o fascismo pós-moderno realiza é radicalizada e se volta contra o próprio indivíduo. Eu sou o único responsável pelos meus fracassos porque não sei administrar a vida que tenho. Nunca se esteve tão perto da servidão voluntária de que falava La Boétie. O escravo ama as correntes. O paciente, que todos somos, ama seu terapeuta, porque só ele pode salvá-lo.

O poder terapêutico intervém sobre a polaridade viver/sobreviver, reformulando-a completamente. A partir das posições críticas antes se opunha viver e sobreviver. Dizia-se que nesta sociedade capitalista só podemos sobreviver, quando o que se trata é de viver. Em última instância, se defendia a vida contra a morte. Afirmava-se que "a vida" era a solução política buscada. Para nós, diferentemente, a vida – mais exatamente, viver – é o autêntico problema. A oposição vida/morte não serve quando enfrentamos o poder terapêutico, já que, na medida em que tem algumas características do poder pastoral, quer nossa salvação. A existência do poder terapêutico põe com força inusitada a necessidade de determinar qual é a relação entre política e terapia.

Quando falamos de política, todos sabem a que nos referimos. Se falamos de terapia, também sabemos do que estamos falando. A política é a atividade que, em princípio, serve para organizar a sociedade. A terapia, por sua vez, é uma prática que tem a ver com a cura de alguma enfermidade. Mas quando dizemos "política e terapia", quando colocamos a política e a terapia em relação, tudo se complica. Por um lado, significa que o poder se torna poder terapêutico na medida que nos impõe ter uma vida. Viver é levar uma vida que temos de administrar, transformar em projeto. Viver, em suma, é trabalhar a própria vida para que ela seja incluída na mobilização global, e não excluída. Por outro lado, toda verdadeira politização acarreta uma transformação interna que nos aproxima de certa cura. Hoje, politizar-se não é ter consciência de classe, e sim uma autotransformação que nos torna mais livres e com menos medo. Ser politizado, portanto, tem algo terapêutico. Quando afirmamos: "Não podemos mudar o mundo, mas podemos mudar as nossas vidas", a prática política não está muito próxima de certa terapia? Este resultado é muito autocontraditório, e é inaceitável, uma vez que a "forma" terapêutica implica a existência de um especialista e, em última análise, de uma relação hierárquica. Teríamos então que pensar em uma política-terapia que se desvincule da própria terapia. Mas isso é possível?

O discurso humanitário que ignora as figuras políticas do opressor e do oprimido, que só vê vítimas, seja de catástrofes naturais ou de guerras, é uma das expressões mais acabadas do poder terapêutico.

O poder terapêutico não é alheio às instituições disciplinares, mas as modifica e as leva ao seu terreno. Nelas o contrato terapêutico nelas é materializado em um documento, e o carcereiro se confunde com o terapeuta. As paredes são pintadas com cores, os internos participam de inúmeras oficinas das mais diversas naturezas, os próprios presos se revistam...[65] A vida na prisão é a exemplificação mais exata do que é a vida. É simplesmente sua forma paroxística. Sem dúvida, a terapeutização das instituições disciplinares é a maneira que o poder tem de intervir na sua crise. Mas isso não significa seu desaparecimento de forma alguma. O poder terapêutico,

---

[65] Ver em MALVENTI, D. e GARREAU, A. Garreau. *Curar y reinsertar.* Espai en Blanc, n. 3-4, 2008.

para aparecer verdadeiramente como o que não é, precisa sempre coexistir com o Estado penal.

A democracia e o poder terapêutico são as instâncias que permitem a mobilização global. Mais especificamente, a democracia possibilita e legitima a mobilização global. O poder terapêutico, por sua vez, também o torna possível e o legitima, embora não da mesma forma. Ambos retroalimentam a mobilização global em uma espécie de causalidade circular.

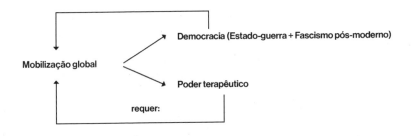

IX. A nova questão social: o mal-estar

19. *A mobilização global esmaga nossas vidas produzindo desconforto. As doenças do vazio (depressão, ansiedade, anorexia...) se espalham, mas também o sofrimento diretamente associado à fome ou à morte. A miséria da abundância coexiste com a abundância da miséria. O mal-estar (social) pode ser a nova questão social. Tem somente que ser politizado. Mais exatamente: a politização do mal-estar é a prova e, ao mesmo tempo, o momento de constituição da nova questão social que corresponde à era global.*

Os efeitos que a mobilização global gera sobre seus sujeitos – sobre os sujeitos a ela assujeitados – são numerosos e novos. Basta ver a mudança no tipo de doenças ligadas ao trabalho. Atualmente, as doenças mais numerosas têm a ver com alguma forma de mal-estar psíquico. Não é à toa que 70% das baixas médicas de longa duração são transtornos mentais[66]. A imposição do "ser precário" se manifesta nas chamadas doenças do vazio: depressão, insônia, ansiedade, etc. São as novas doenças próprias de uma sociedade na qual a norma já não se baseia na culpabilidade, mas na responsabilidade. Uma sociedade que enterrou a autonomia do trabalhador e a substituiu pela autonomia do "Eu", ou seja, por apelos contínuos para que sejamos autônomos e responsáveis. A este sofrimento, que poderíamos incluir no rótulo de "miséria da abundância", devemos inevitavelmente acrescentar a própria "abundância da miséria" que, sob as

---

[66] Entrevista com R. García-Macià "especialista em danos causados pelo trabalho". Publicado na revista *La Vanguardia* em 30 de setembro de 2007.

suas faces mais tradicionais (a fome e a morte), se estende nas cidades-gueto globais e nas periferias das grandes cidades. A mobilização global, que faz coexistir a miséria da abundância e a abundância da miséria, tritura nossas vidas.

Que a nossa vida seja triturada quer dizer que a mobilização global produz um mal-estar e sofrimento autênticos. Não que sejamos expropriados de nossa vida (mesmo que, evidentemente, não sejamos donos dela), mas que a própria vida é simplesmente aniquilada: reduzida a nada. Pela generalização da impotência e da indiferença, nossa vida se separa do querer viver, o que tem por consequência que a vida perca toda fonte de valor. Nossa vida mobilizada é uma vida sem valor, intercambiável e descartável. O valor da vida é dado apenas por um relato, que todos devemos tornar nosso: "Você precisa ser a sua própria marca"[67]. Esse relato inclui, ao mesmo tempo, o valor e a ausência de valor. Mobilizar-se é estar fechado nos limites da própria vida que eu me esforço para construir. A vida mobilizada, portanto, carece de sentido, embora certamente tenha um significado. Um significado pelo qual os outros me veem como uma marca, assim como eu os vejo.

A mobilização global não tem diante de si uma vida, mas um indivíduo que é obrigado a cumprir certas disposições para sobreviver. A capacidade de iniciativa, o empenho pessoal, até alguma forma de rebeldia... são as competências que a realidade pede. A vida, para ser parte ativa da mobilização global, tem que perder toda a espessura existencial. Tem que abandonar a simplicidade que existe em toda vida verdadeira e plena para se tornar complicada, ou seja, para tornar-se neurótica. A vida mobilizada é uma vida esvaziada de sentido.

---

[67] "Todo mundo tem que liderar seu próprio projeto". Declarações do Departamento de Trabalho da Catalunha de 19 de outubro de 2008.

Habermas, na primeira entrevista que concedeu em 40 anos, respondeu à pergunta sobre o sentido da vida: "A filosofia não é mais capaz de dar uma resposta de validação geral"[68]. No fundo, o filósofo-funcionário tinha razão. O problema do sentido da vida é um problema político. Apesar de tudo, o caminho não é fácil, já que hoje sabemos muito bem que a solução política e a existencial não coincidem.

> O incidente ocorreu ontem às 7h15 em uma escola da cidade de Carmen de Patagones (Argentina), onde um aluno que a frequentava, com uma pistola 9 milímetros pertencente a seu pai (Guarda Costeira da Prefeitura), abriu fogo contra seus colegas e três deles morreram instantaneamente. Um aluno de outro curso disse ao jornal portenho El Clarín: "Eram 7h30 e de repente ouvimos gritos altos e saímos da sala de aula. No corredor, havia três garotas deitadas no chão com buracos de bala no estômago". Outros colegas disseram que Rafael, de 15 anos, não falou enquanto disparava os treze projéteis. Alguns se esconderam sob as carteiras. Em sua mesa, ele teria escrito com um estilete "a vida não tem sentido" [29 de setembro de 2004].

Mais do que nunca, o problema do sentido da vida é um problema político. O ódio deve ser dirigido contra a vida que nos submete. Jamais contra o outro que é como eu.

A mobilização global implica uma submissão, mas essa submissão se assenta no medo do vazio. Pascal já havia denunciado que o homem é incapaz de ficar trancado sem fazer nada[69]. Melhor mobilizados do que sozinhos com nós

---

[68] Entrevista com Habermas intitulada "*Ojalá Estados Unidos tenga éxito en Iraq*" e publicada no jornal *La Vanguardia*, em 4 de novembro de 2003.
[69] BEAUVOIS, Jean-León. *Tratado de la servidumbre liberal*: análisis de la sumisión. Madrid: La Oveja Roja, 2008.

mesmos, melhor ocupados do que inertes... A mobilização global tem um fundamento antropológico que trabalha a seu favor. O que acontece é que a própria mobilização produz mais e mais vazio. Por meio do consumo, esse vazio será preenchido com coisas. Por isso o vazio da era global é um vazio preenchido, que perdeu toda a dimensão trágica. A relação com o vazio já não constitui uma alavanca libertadora. Antes, precisa ser esvaziado. Mas o ato de comprar, mais precisamente conhecido como *shopping*, é o único momento vazio ao qual temos acesso. Assim, para muitos, esse momento de vazio total – de ruptura com a mediocridade cotidiana – é vivido como um momento de libertação. O "deves gozar", que é o *slogan* que a psicanálise faz coincidir com a exaltação do consumo, contém paradoxalmente uma liberação perversa e a própria fonte do mal-estar.

Estar dentro da mobilização global significa necessariamente ter que escolher. Escolher continuamente. Essa livre escolha – livre simplesmente porque existe uma declaração que proclama nossa liberdade – nos prende. O desconforto não surge porque toda escolha acaba sendo frustrante, e sim pelo fato de estarmos presos a essa vida que construímos escolhendo.

Há um espectro do mal-estar que o próprio movimento de mobilização global esconde. Mas, das rachaduras da realidade, saem gritos. Saem os gritos do querer viver. São gritos de raiva. É uma ilusão acreditar que todos os desconfortos [*malestares*] são realmente um só, que existe de fato uma nova questão social?

A antiga "questão social" remete à tríade exploração/revolução industrial/autoemancipação do trabalhador[70]. "Questão

---

[70] "A questão social aparece com o advento da República, quando a aplicação – pela primeira vez – do sufrágio universal mostra o contraste entre a soberania política igual para todos e a trágica inferioridade do estado

social" era a palavra politicamente neutra usada para qualificar a exploração capitalista. Assim, mesmo sendo sinônimo de conflito de interesses, o discurso de solidariedade e paz social que a sociologia veiculava tentava redirecionar esse mal-estar. Já com Marx, o sofrimento social toma a palavra. Sobre esse sofrimento, Marx constrói um projeto político de mudança radical que tem como sujeito ativo o próprio sujeito sofredor. Para a classe trabalhadora, seu sofrimento torna-se intolerável porque pode haver uma sociedade sem que ele exista. A politização do sofrimento faz da questão social a grande ameaça que deve ser neutralizada.

O mal-estar (social) pode ser a nova "questão social". A nova "questão social" refere-se à seguinte tríade: mobilização global/revolução das novas tecnologias (informação e comunicação)/subversão. O mal-estar social é um "estar mal" devido à mobilização global. É comum equiparar "ter problemas" com mal-estar. Por trás das lutas dos trabalhadores havia muitas causas (intensificação do trabalho, demissões, baixos salários...), mas não se pode dizer que uma delas fosse o mal-estar. Não ter emprego, não ter dinheiro, etc., pode gerar muitas emoções e experiências, mas não necessariamente mal-estar. O mal-estar social vem de dentro e encontra um fora, não é uma simples internalização. A dificuldade em identificar e expressar o mal-estar social reside no fato de ser difícil definir e/ou delimitar o mal-estar social, pois é aparentemente paradoxal conectar dois termos que costumam ser associados à experiência privada (mal-estar) e à esfera pública (social).

Essa agitação social gera conflitos? Certamente existem conflitos: de doenças do vazio às rebeliões na periferia. É claro

civil de alguns, aqueles que o têm acabam de aceder a uma capacidade política do estado de quase subjugação econômica em que se encontram".
DONZELOT, Jacques. L›invention du social. Paris: Le Seuil, 2015.

que os conflitos ocorrem na multirrealidade. Todavia, temos que diferenciá-los do que seriam os "resquícios" da velha luta de classes, que certamente ainda subsiste. Se usamos a palavra "subsistir", é para indicar que tais conflitos nascidos nas fábricas estão ligados a uma classe trabalhadora que é cada vez mais uma ilusão ontológica. A questão não é, então, se existem conflitos – disso não há dúvida –, mas se eles realmente constituem uma nova questão social. A resposta tradicional se dá em termos de visibilidade. "Os conflitos devem ser vistos como reais. Não faz sentido falar sobre rachaduras nas estruturas sociais se nenhum ruído vem delas"[71]. Podemos descrever com precisão minuciosa o espectro de inquietação social que a mobilização global envolve, mas o que buscamos é: como transformá-la na nova questão social? Mais exatamente: como transformar o mal-estar na nova questão social, quando estamos em uma era pós-política – a multirrealidade e o espaço-tempo global são essencialmente despolitizantes – que nos obriga a redefinir o que entendemos por politização? Em todo caso, é claro que somente a politização efetiva do mal-estar social poderá constituí-lo como a questão social própria da era global.

> 20. *A época global é uma época pós-política porque nela a ação política transformadora se torna naturalizada. Nos encontramos ante um impasse que nos obriga a pensar novamente o que é o político, o que significa politizar-se. Dado que a vida é o campo de batalha, a politização na atualidade tem que partir da vida entendida como a própria existência. No entanto, ao contrário do passado, a politização não consistirá em adicionar uma nova dimensão à realidade – que já é, por si só, uma*

---

[71] DAHRENDORF, Ralf. *O conflito social moderno*: um ensaio sobre a política de liberdade. São Paulo: Zahar, 1990.

> *multirrealidade – mas, pelo contrário, em subtrair dimensões. Subtrair dimensões é desocupar, antes de tudo, o "ser precário". A politização da existência coincide com a politização do próprio mal-estar entendido como um momento na gênese e na explosão do mal-estar social.*

Com a época global, entram em crise as categorias da política moderna. Mas não se cumpriram os augúrios que anunciavam a tese do "fim da política". Essa tese, que tinha na apregoada "morte das ideologias" seu complemento, previa um cenário de relativismo e tolerância. Aconteceu precisamente o contrário, pois na época global a política adota suas formas mais arcaicas. Atualmente a política é, sobretudo, exclusão, chantagem e guerra. Dizendo de forma breve, a política retornou como:

> 1. Política da exclusão. A gestão da exclusão (ou seja, dos "resíduos" produzidos pela própria sociedade) se converteu em uma tarefa fundamental da política, e a ameaça de exclusão – a morte social – constitui o horizonte de tal política.
> 2. Política da crise. A crise é manejada politicamente sob a forma da dupla chantagem que supõe o desemprego e o trabalho. A política da crise é essencial para reconstruir a obrigação ao trabalho que se tinha perdido como consequência do ciclo de lutas dos anos setenta.
> 3. Política da guerra. A guerra adquire uma importância basilar como modo de sujeição e de domínio. O Estado-guerra surge para reduzir a complexidade do mundo a partir de uma política que é guerra.

Mas não há que se fazer confusão. "O retorno da política" sob suas formas mais arcaicas (exclusão, chantagem e guerra) não implica um passo para trás, a um cenário já conhecido da luta de classes, como se o atual capitalismo, descontrolado e extremo, voltasse às origens do capitalismo mais selvagem. Não, não é assim. "O retorno da política" nos leva a uma nova época cuja melhor qualificação é, paradoxalmente, a de pós-política.

Que a época global é uma época pós-política se confirma diariamente pelos fatos de que a politização tradicional baseada na distinção esquerda/direita não funciona e de que nenhum ciclo de lutas surge de um conflito diretamente ligado à dualidade capital/trabalho. As lutas são principalmente defensivas ou de identidade. Diante da guerra, da crise e da exclusão como armas do capital, os movimentos sociais ofensivos não acontecem realmente. Frente ao Estado-guerra e a invasão do Iraque, é bem verdade que milhões de pessoas foram para as ruas, mas essas manifestações acabaram tão rapidamente como começaram, e a guerra continua... e isso para não falar no efeito aniquilador da crise com suas deslocalizações, sua precarização generalizada, etc. Uma resposta coletiva e sustentada ao longo do tempo contra a exclusão é, aliás, inimaginável. Essa é a condição pós-política: ausência de politização e, ao mesmo tempo, um sentimento generalizado de que os processos da realidade são inevitáveis.

Quando usamos o termo "pós-político", o fazemos em um sentido muito preciso. A era global é pós-política porque nela a ação política transformadora é neutralizada. Não é que a ideia de utopia esteja em crise ou que os velhos ideais tenham desabado... o que não deixaria de ser uma simples observação fenomênica. É que a intervenção política que propõe uma transformação social foi anulada. Em outras palavras, pós-político significa que, no nível da ação política, não há alternativa à modernização capitalista, isto é, à globalização. Por que a ação política transformadora é neutralizada na era global? Porque estamos presos em um *impasse*. Esse *impasse* – que é a verdade que define a era como pós-política – tem uma face objetiva: o que é politicamente viável não vai mudar nada e as ações que poderiam trazer mudanças realmente significativas são politicamente impensáveis. E um lado subjetivo: há um corte entre o destino pessoal e o destino coletivo. É difícil imaginar uma ligação prática e não apenas abstrata entre eles. Os efeitos desse *impasse* pós-político são bem conhecidos:

> 1. Estreitamento do escopo do político. Há pouca diferença entre esquerda e direita. Para além do jogo de simulação governo/oposição, há um consenso básico sobre o que configura uma verdadeira política de Estado em torno das grandes questões. Além disso, o discurso político se adapta à linguagem da mídia, com tudo o que este inclui em termos de personalização e simplificação da mensagem.
> 2. Sentimento de inutilidade da política. A democracia não se afirma por si mesma, mas por comparação, como o melhor dos sistemas de governo político. Não existe nada além. Nem crítica possível. Fazer política reduz-se cada vez mais à administração da ordem existente, e isso significa, em última instância, administrar o dinheiro. A corrupção torna-se estrutural. A corrupção deixa de ser algo ligado à "história suja" do capitalismo para fazer parte intrínseca das instituições democráticas.
> 3. Dissolução progressiva do comum. Já que o destino pessoal não está de forma alguma ligado ao destino coletivo, cada um deve apenas resolver seus próprios problemas. Problemas sistêmicos são vivenciados e se

tenta resolvê-los como problemas individuais, o que gera um sentimento de impotência e dissemina uma atitude de indiferença para com os outros. O espaço público desaparece e, em seu lugar, aparecem os diferentes públicos que os dispositivos de poder criam.

Assim, não é de estranhar que abordar o que é a condição pós-política e como lidar com ela seja hoje seja um dos principais objetivos de todos aqueles que não se contentam com o que há. Existem pelo menos três posições diferentes. A primeira posição retoma e critica "o fim da política" – que em última análise se identificaria com a pós-política – para repropor a própria política ou uma espécie de lógica democrática igualitária que contempla o conflito como central. Os defensores da reconstrução dessa política "pura" seriam Rancière[72], Mouffe, Laclau, Balibar... A segunda posição considera que o nosso tempo é pós-político na medida em que a esfera da economia foi completamente naturalizada. Seu defensor mais conhecido é Slavoj Žižek. Para ele, a politização das diferenças, que ele chama acertadamente de lutas identitárias do multiculturalismo pós-moderno (homossexuais, minorias étnicas...), respondem a demandas da classe média alta, mas não deveriam entrar em um programa de esquerda[73]. Coerentemente com isso, ele defende uma nova politização da economia que permita colocar um limite à liberdade do capital. A terceira posição seria a da esquerda marxista clássica em suas diferentes

---

[72] "A essência da política reside nos modos dissensuais de subjetivação que manifestam a diferença da sociedade em si... O consenso é a redução da política à polícia. É o fim da política, ou seja, não a consumação de seus fins, mas simplesmente o retorno ao estado normal das coisas, que é o de sua inexistência". RANCIÈRE, Jacques. *Aux bords du politique*. Paris: Folio Essais, 2004.

[73] ŽIŽEK, Slavoj. *Arriscar o impossível:* Conversas com Žižek. São Paulo: Martins Fontes, 2006.

versões. A pós-política, nesse caso, significaria simplesmente a vitória da direita, de modo que a era pós-política seria trazida de volta ao cenário já familiar da luta de classes. A tarefa então se simplifica, já que se trata apenas de ganhar força – agrupando tantos aliados quanto possível em torno do proletariado – para deter a ofensiva capitalista. O problema é que, apesar dos apelos à ação, isso acaba não funcionando muito bem. Pensamos que essas três posições políticas não são capazes de analisar verdadeiramente a condição pós-política que atualmente nos define. Acreditamos que o erro delas esteja em ver a condição pós-política como uma condição da própria política, ao invés de entendê-la como uma condição da própria realidade e de nossa inserção nela.

A condição pós-política como condição própria de nossa realidade significa que é no plano da vida – plano entendido como área – onde se desenvolve a mobilização e é nele que se dá o fechamento efetuado pela obviedade. Assim, a vida é construída – e nós mesmos é que a construímos – como a nossa prisão. É por isso que a politização tem que partir da própria vida. As três vias de politização que consideramos (a politização da política, a politização da economia e a politização da luta de classes) não abrem caminho algum porque são incapazes de morder a realidade. Observando a inviabilidade dessas propostas, recentemente houve uma tendência a privilegiar o nível da cultura[74]. Mas privilegiar o âmbito da cultura

---

[74] "Precisamos, portanto, de um novo paradigma; não podemos voltar ao paradigma político, fundamentalmente porque os problemas culturais adquiriram tal importância que o pensamento social deve se organizar em torno deles... Devemos aceitar como ponto de partida para análise essa destruição de todas as categorias "sociais", de classes e movimentos sociais a instituições ou "agentes de socialização". TOURAINE, Alain. *Um novo paradigma*. Petrópolis: Vozes, 2005.

significa continuar simplificando a multirrealidade. Na prática, isso supõe passar do conflito de interesses ao conflito identitário. E essa abordagem, que poderíamos chamar de "culturalista", bloqueia completamente o caminho para uma possível politização. As únicas lutas pensáveis serão aquelas que se desenrolam dentro do direito, ou seja, como defesa de direitos. A cultura não é, então, um meio de politização. Temos que partir da politização da vida, o que significa que, se a vida é a nossa prisão, é também o campo de batalha. Quando a vida é a nossa prisão, porque viver se confunde com essa mobilização permanente que reproduz essa realidade óbvia, então é na própria vida que pode começar um processo de libertação. Em outras palavras, para combater a realidade é preciso politizar a vida, e politizar a vida significa politizar a própria existência. A politização da existência não consiste, entretanto, em elevar os interesses particulares a universais. Politizar a nossa existência é partir do nosso estar-mal, e nosso estar-mal está na origem do mal-estar social.

Por estarmos em uma era pós-política, a politização da existência que assume o conteúdo político do mal-estar exige que repensemos o conceito de politização. Politizar a existência não consiste em acrescentar outra dimensão à realidade – que já é multirrealidade –, mas em perfurar a realidade e, com ela, a obviedade que a acompanha. A mudança que a era pós-política implica é fundamental. Antes, a politização consistia em opor uma outra vida (mais intensa, mais autêntica...) ao cotidiano, que era sinônimo de morte e passividade. Agora a politização – a politização da existência – se dá mais como subtração. Ser politizado é evitar o destino imposto pela mobilização global, desocupar o "ser precário" que nos é imposto. O que também pode ser dito de outra forma: politizar a existência é manter uma relação afirmativa com o próprio mal-estar. Convém, entretanto, especificar melhor o que significa essa relação afirmativa. A politização da existência é a politização do próprio mal-estar sob o horizonte do mal-estar social.

> 21. *Enfrentar a politização do mal-estar implica a necessidade de introduzir uma virada subjetiva, mas essa virada subjetiva para o pessoal deve retornar ao coletivo. A apreensão do mal-estar social passa primeiro pela apreensão do meu próprio mal-estar, descobrindo-me como indivíduo "afetado" pela vida. Depois, tenho que sair do meu mal-estar para acessar o mal-estar social. O mal-estar social é uma ausência que é completamente ininteligível para a política usual. E, no entanto, é certamente a nova questão social.*

A condição de possibilidade para compreender o mal-estar social é que eu não consiga compreender verdadeiramente o meu próprio mal-estar. Meu mal-estar é um estar-mal comigo mesmo, com o mundo... e saber disso. Sofro desse mal-estar quando comprovo a pobreza de minha experiência vital. Walter Benjamin disse que aqueles que voltaram da linha de frente na Primeira Guerra Mundial não tinham nada para contar, que suas experiências eram totalmente reduzidas[75]. Algo semelhante acontece comigo, enquanto morador da metrópole. Estou mergulhado em uma solidão gregária na qual passear significa fazer compras. Felicidade e liberdade estão mais separadas do que nunca. Por tudo isso, posso também dizer que o meu desconforto é fruto da pobreza da(s) minha(s) experiência(s). Ora, viver a pobreza da(s) experiência(s) é, antes de tudo, viver a experiência da pobreza, ou seja,

---

[75] BENJAMIN, Walter. *Discursos interrumpidos* I. Madrid: Taurus, 1998.

da ausência. Tomando a célebre frase de André Breton, ela poderia ser reformulada da seguinte forma: meu desconforto é que, dia a dia, sinto um vazio, que "a vida está em outro lugar". Mas sei que esse outro lugar não existe. Só sei que esta vida que vivo não é a que o meu querer viver quer. Meu próprio mal-estar é um mal-estar social. Não sou uma vítima da vida porque rejeito esse estatuto com tudo o que ele significa[76]. Sou, pelo contrário, afetado pela vida, uma vez que essa vida hipostasiada e aprisionada fere a minha vontade de viver. Eu sou afetado pela vida. Somos afetados pela vida.

O retorno do subjetivo-pessoal ao coletivo-impessoal exige a reproposição do mal-estar (social) como a nova questão social. A antiga "questão social", organizada em torno da classe trabalhadora, estava presente em toda a sociedade. Na fábrica ou no bairro, era fácil ver as manifestações do conflito operário. Por outro lado, a nova "questão social" não se apresenta da mesma forma. Na multirrealidade, a nova "questão social" não é diretamente visível. Afirmar algo que não se vê não significa necessariamente invisibilidade. Não-(poder)-ver refere-se à "ausência de uma presença que insiste". Nesse sentido, há múltiplas formas de se dar essa aparência: mostrar-se e, ao mesmo tempo, esconder-se; mostrar-se com interrupções; impossibilidade de que a particularidade se universalize. Na "ausência de uma presença que insiste", opera-se uma tensão, que é a que existe entre o "ainda não" e o "não mais". Pois bem, esse novo conflito, que tem a forma da "ausência de uma presença que insiste", é o que chamamos de mal-estar social. Vivemos essa tensão, que nos atravessa como um estar-mal. Fechamos a abertura, desligamos a tensão que

---

[76] A rejeição da figura da vítima e, consequentemente, da vitimização, é a força que reside na experiência relatada no livro *Red ciudadana* sobre o 11-M, Madrid, 2008, afirmada de dentro.

nos atravessa e constitui quando a trazemos de volta para a forma sujeito ou à forma objeto. No primeiro caso, teríamos uma filosofia ativista que conduz necessariamente a uma teleologia. No segundo caso, estaríamos diante de uma filosofia quietista que dificilmente pode ser implantada.

Aristóteles afirmava que o ser se diz de muitas maneiras, mas sempre em relação ao mesmo fundamento: a substância. Da mesma forma, podemos sustentar: o mal-estar social é dito de várias formas, mas sempre em relação ao mesmo fundamento, que é o querer viver ou, o que é o mesmo, a agitação social se dá de muitas maneiras, mas todas elas se referem à impossibilidade de viver. Em suma, a "nova questão social" é o mal-estar do querer viver, o estar mal de quem quer viver e não pode. Quando falamos de mal-estar, não nos referimos à angústia da condição humana que existiria desde Adão e Eva. O mal-estar de que estamos falando é o nosso mal-estar agora. E sua origem está na impossibilidade de expressar uma resistência comum e libertadora diante da realidade que nos oprime.

Podemos explicar melhor porque o ser do mal-estar social pode ser caracterizado como a "ausência de uma presença persistente". O mal-estar do querer viver é essencialmente político, mas não se deixa apreender pela política tradicional. Escapa ao pensamento político e à prática política. E o faz porque a política necessariamente manipula o código presença/ausência para realizar sua função cognitiva. A política se impõe impondo a legibilidade do social. O mal-estar do querer viver foge dessa categorização. O que de forma alguma significa que seja inefável, mas apenas que o discurso político clássico, por meio de um código redutor e um vetor cumulativo de tempo, é incapaz de apreendê-lo. E, no entanto, o mal-estar social é o elo fraco da cadeia. Por isso dizemos que constitui a nova questão social. Mas também, por isso, nos obriga a inventar uma linguagem que dê conta dela. A forma não nos serve mais. O proletariado foi a alma da história moderna, que dava forma à vida. Essa forma, esse gesto, já não nos serve. Na multirrealidade, não há um gesto único que possa abarcar – dar sentido e coerência – o mal-estar social. Essa impossibilidade não deve ser percebida como um fracasso, mas como uma bênção. Certamente, os diferentes mal-estares não podem simplesmente ser adicionados uns aos outros. No entanto, essa irredutibilidade do mal-estar social, que faz do mal-estar algo meu – e exclusivamente meu –, não é justamente a garantia de que ele jamais poderá ser integrado, de sua insuperabilidade diante da ação redirecionadora do poder?

O mal-estar é sempre o meu próprio mal-estar e, ao mesmo tempo, a "ausência de uma presença que insiste" que é o nosso mal-estar. Essa dupla dimensão – pessoal e coletiva – deriva da própria natureza do querer viver. E isso porque o querer viver, sendo antes de tudo o meu querer viver, não me pertence, porque é imanente na relação com o outro. Quando os grandes sujeitos políticos foram desmantelados, a única forma de sabotar a mobilização global e poder atacar a realidade se dava a partir de nós mesmos. Você tem que partir do seu próprio desejo de viver. Sobre o incômodo que é querer viver e não poder, por estar confinado a uma vida privada. Com essa virada subjetiva, não ficamos fechados no individual, mas, ao contrário, nos abrimos tanto no nível pessoal quanto no coletivo. Essa é a novidade mais importante que emerge do caráter pós-político da época.

A nova "questão social", a politização do mal-estar, nos obriga a ser radicais ao máximo. É preciso ir à raiz: meu/o querer viver. O giro subjetivo com o retorno ao coletivo não é outra coisa. Com ele, os enfoques tradicionais sobre o que é se politizar se subvertem.

> 22. *A politização da existência – a ação política factível nessa época pós-política – se desdobra em dois planos separados: o subjetivo-pessoal e o coletivo-anônimo. O plano subjetivo-pessoal configura a politização como um processo de autotransformação, no qual o ódio livre atua como potência de esvaziamento da marca marcada. Mas essa politização é apolítica.*

A mobilização global nos marca o corpo, evidentemente, no duplo sentido da palavra: como marca gravada no corpo e como marca comercial. Libertar-se é, antes de tudo, deixar de ser uma marca, ou seja, expulsar esse capitalismo que carregamos no sangue. Mas como deixar de ser uma marca, como subvertê-la se não há reapropriação possível? O objetivo é nos tornarmos autores da nossa própria vida, que é justamente o que não somos quando, enquanto marca, possuímos um significado para os outros. Subverter a marca é sabotar a mobilização que nos conduz e atacar a realidade. Historicamente, existem duas propostas fundamentais: a proposta existencialista e a proposta situacionista. A primeira reivindicava a ideia de um projeto, ou seja, retomar a própria existência como projeto. Essa proposta foi recuperada, pois é enquanto projeto que nos inscrevemos na mobilização total da vida. Cada um, como capitalista de si mesmo, gerindo sua vida e tentando ingressar no mundo – tanto o precário como o imigrante – saindo da morte social. A proposta situacionista defendia o hedonismo: "Viver sem tempos mortos e gozar sem freios", viver tudo aqui e agora. Mas o hedonismo já foi completamente integrado e recuperado pelo poder.

Subverter a marca não pode ser o jogo da transgressão, o paroxismo das máscaras. Hoje, a disposição lúdica – quando a aventura é vendida diretamente nos parques temáticos – não é libertadora. É preciso jogar contra o que se opõe ao jogo, mas então se brinca [*juega*] de não jogar. Na subversão da marca não resta nada de complacência, mas muito desespero.

Subverter a marca é fazer do próprio querer viver um desafio. Só o querer viver que não tem medo, o querer viver que se desafia, é que sabota verdadeiramente a realidade da mobilização global. Então, no final, a questão crucial é: como expulsar o medo de querer viver? A resposta é, mais uma vez, o ódio livre que, como poder esvaziador que é, me liberta do medo. Como o caminho da consciência está bloqueado, resta apenas fazer o corpo explodir ao encontrar essa vida insuportável. Já sabemos que aquele que odeia sua vida pode mudá-la. Isso significa que se a vida é o que nos sujeita ao que somos, se a vida se tornou o modo autêntico de sujeição e dominação, a única maneira de nos libertarmos é odiá-la até que estejamos prontos para perdê-la. O ódio livre à vida – livre porque eu o escolho e também livre porque não está sujeito ao objeto de ódio – me esvazia do medo. Graças ao ódio da minha vida, deixo de ser quem sou, ou seja, quem leva essa vida que odeio. Em suma, uma marca em mim e para o outro.

Viver é queimar a vida, queimar essa vida prisional que me segue onde quer que eu vá. Queimar a vida é viver por e para uma ideia. Essa ideia é muito concreta: fazer do querer viver um desafio. E isso se consegue usando o não-futuro como alavanca, fazendo a experiência de um "Nós", abrindo um mundo. Quando essas condições não existem, a tentativa de desafio rompe nossa vida. Mas uma vida quebrada não é uma vida desperdiçada ou inútil. Uma vida quebrada é quebrada por dentro, quando se torna impossível viver. Nesse sentido, somos donos dela. Porém, é algo mais: uma vida quebrada é aquela que – por não ter nenhum projeto próprio – deixa de trabalhar para a mobilização global e, portanto, não cabe na realidade. Uma vida quebrada, na medida em que é um ato de sabotagem, é capaz de iluminar a noite.

Nunca o campo de batalha avançou tanto para dentro do homem, nem a resistência atingiu um grau de radicalidade tão alto. Agora é o corpo ferido, a vida quebrada – e porque quebrada – que resiste à mobilização que o poder impõe.

Uma vida quebrada não está sozinha. Ele tem uma aliança de amigos que juntos desafiam a realidade, construindo ilhas de auto-organização. Nesse ponto, heroísmo é aguentar o dia a dia, ter a capacidade de esvaziar o vazio das coisas e preenchê-lo com o comum. Atualmente, o heroísmo é desprovido de romantismo.

O que deve ser feito para sabotar a realidade é muito simples: você tem que se recusar a ser uma microempresa[77]. Você tem que se tornar uma chave de mobilização global. Interromper a mobilização que nos arrasta e acender a noite.

Acender a noite não acaba com a noite. Mas acaba com o medo da noite.

A politização é uma subtração. Politizar-se é desocupar o "ser precário" e se dirigir ao homem livre. Recordemos que a característica básica do "ser precário" consistia em sua interiorização do medo. O homem livre é, ao contrário, o que

---

[77] O governo da Catalunha lançou recentemente uma nova campanha cujo *slogan* não poderia ser mais eloquente: Revele a empresa que você carrega dentro de si". No caso, a alma foi substituída pela empresa.

não tem medo. Politizar-se é, então, um processo de autotransformação que nos torna mais livres.

A politização a partir do próprio desejo de viver é, paradoxalmente, apolítica. Não carrega consigo nenhuma reivindicação ou horizonte, está além da dicotomia esquerda/direita, parte da conjuntura, mas a supera ao se impor como acontecimento, e almeja o anonimato já que sua primazia dissolve as identidades. Para entender como funciona essa politização apolítica, é melhor compará-la com a politização clássica. A politização clássica, ligada à luta de classes, caracterizou-se por ser: 1) Linear. Começava e acabava. Iniciou-se na luta econômica (mais salário, contra os ritmos de trabalho...) até se tornar uma luta política. A discussão, em todo caso, era sobre o papel dos intelectuais, ou seja, sobre o papel do partido no poder; 2) Concluída. O resultado foi o conhecimento sobre a sociedade. A consciência de classe, ou consciência política, se constituía como conhecimento sobre a sociedade como um todo e a partir do lugar (a força de trabalho como mercadoria) que nela se ocupava; 3) Prática. O meio no qual a consciência política se desenvolveu foi a práxis, aquele lugar em que a unidade entre teoria e prática foi realizada e o objeto se tornou sujeito; 4) Garantidora. Ter consciência de classe dava segurança, pois, embora às vezes pudesse ser perigoso, a cultura operária aparecia como um ambiente protetor. A nova politização, por outro lado, contradiz cada uma dessas características: 1) Não é linear, mas absoluta, embora paradoxalmente sempre inacabada. Aponta para toda a existência e, muitas vezes, está ligada a uma rejeição total do que há; 2) Esquece-se da sociedade em geral e, em todo caso, produz um conhecimento da própria subjetividade, que é a que experimenta a transformação.

A dualidade amigo/inimigo também não é fundamental. Acontece que a referida dualidade é difícil de estabelecer porque, na multirrealidade, o inimigo se apaga e, ao mesmo tempo, se concretiza demais; 3) Não existe, por outro lado, um meio no qual se possa implantar, já que essa politização surge quando uma vida é sacudida. Pode ser um acontecimento exterior, pode ser um encontro, etc.; 4) Não é nada asseguradora. Essa politização te deixa na intempérie e não torna a sua vida fácil. Não oferece um horizonte de sentido, e suportar a verdade do querer viver não é confortável.

X. A força do anonimato

23. *No plano coletivo-anônimo, a politização também é apolítica e transcorre pelos espaços do anonimato. Estes correspondem às individuações nas quais se plasma essa estranha força que é a força do anonimato. Os espaços de anonimato se originam quando o gesto radical interrompe as relações que a mobilização global tece e, pondo entre parênteses o tempo, permite o alargamento do espaço. Para a política tradicional, sua opacidade os converte em um enigma perigoso, por ser indecifrável. Para a teoria revolucionária clássica, também são um problema, já que, ao não serem homogêneos, não se podem somar, menos ainda se acumularem segundo o vetor tempo.*

Os espaços de anonimato constituem um verdadeiro desafio para a própria teoria revolucionária. O estatuto político dos espaços de anonimato (os que não são homogêneos nem capturáveis...) é função e é determinado pela própria essência da força do anonimato. É ela que lhes confere o que são suas características principais: ausência de reivindicação, articulação em torno de um gesto radical que se repete, não-futuro, politização apolítica.

A força do anonimato aparece para nós quando tentamos pensar a radicalização da impotência. Então, tal força vem a nós. Com toda sua carga diluidora e, ao mesmo tempo, portadora de promessas. Com toda sua ingovernabilidade.

Sentimos impotência diante dessa mobilização global que se realiza conosco – e contra nós –, que unifica realidade e capitalismo, que proclama "não há nada a fazer". "Não há nada a fazer"[78] é uma frase estranha, que em nada se parece com outras frases aparentemente semelhantes: não podemos fazer nada, é impossível fazer algo. "Não há nada a fazer" é o nome de uma bifurcação que conduz a dois lugares completamente diferentes: "Nada pode ser feito" e "Tudo está por fazer". O primeiro caso não nos interessa. O segundo sim. Quando é possível dizer "Não há nada a fazer" porque o fundo foi realmente atingido e não há mais esperança, então uma jornada de niilismo se abre. Assim, podemos afirmar que "Tudo está por fazer". A travessia do niilismo que o "Não há o que fazer" abre nada mais é do que a radicalização da impotência. Essa radicalização nos leva ao que Artaud chamou de impoder. No autor francês, radicalizar a impotência é o mesmo que ter a experiência do impoder. Em sua correspondência com Rivière, a impotência aparece em referência à impossibilidade de pensar. A análise desse "querer pensar mas não poder pensar" constituirá o núcleo de toda de seu primeiro texto[79]. Essa impossibilidade depois será estendida à própria vida. Eu quero viver, mas não posso viver. Se Artaud tivesse parado neste ponto, ele simplesmente teria mostrado a impotência como inerente à existência de alguém. Mas Artaud introduz uma reviravolta inédita: viver é tornar impossível viver – isso nos causa mais dor e nos dificulta viver – mas isso é, em última análise, viver. Nesse combate que é a existência, que é o viver, só podemos olhar face a face o sofrimento que o combate produz. Mais especificamente: é preciso "sofrer para se afirmar". Sem entrar

---

[78] Analisei essa frase em meu livro *Horror vacui. op. cit.*
[79] "Há algo que destrói o meu pensamento... Algo furtivo que me tira as palavras que encontrei, que diminui a minha tensão mental, que destrói progressivamente na sua substância a massa do meu pensamento…". *Correspondance avec J.Rivière,* no livro ARTAUD, Antonin. *L'ombilic des limbes.* Paris: Prodinnova, 2020.

em maiores considerações, podemos dizer que o autor francês consegue passar da impotência ao impoder. Ou seja, a radicalização da impotência é possível porque Artaud introduz uma força determinante: a força da assimetria vida/dor, ou seja, a afirmação da dor para a vida. Radicalizar a impotência significa, definitivamente, resistir, e resistir quer dizer suportar a imanência do combate sem se refugiar em alguma transcendência. Radicalizar a impotência é experimentar o impoder: a impossibilidade de viver mas também, paradoxalmente, a condição da possibilidade para seguir vivendo. Radicalizar a impotência é, então, experimentar um "não-poder que é um poder". A frase "Não há nada a fazer" finalmente nos deixou diante desse "não-poder que é um poder". Agora é a hora de nos perguntarmos: essa força assimétrica da dor voltada para a vida, esse fogo que queima e se queima[80], esse "não-poder que é poder", não é justamente a força do anonimato? Marx resumiu muito bem todas essas características, referindo-se ao proletariado, na frase: "Não sou nada, e deveria ser tudo"[81].

A força do anonimato se apresenta para nós como um "não-poder que é um poder", de modo que aparentemente tenha duas faces. Por um lado, o anonimato carece de força. Poderia-se dizer que quando reina o anonimato, ninguém toma a decisão com suas próprias mãos. Ninguém é verdadeiramente dono de sua vida. Lembremos a conhecida análise do *man* (o "se" impessoal) de Heidegger em *Ser e Tempo*. Anonimato significa, então, "nós somos e não somos". Mas, por outro lado, o anonimato é o que permite executar a decisão até o final. O anonimato tem toda a força de quem pode afirmar: "somos quem somos". Heidegger é incapaz de imaginar algo parecido.

---

[80] Em *Vie et mort de Satan, le Feu*. Tomo VIII, op. cit.
[81] MARX, Karl. *Crítica da filosofia do direito de Hegel*. São Paulo: Boitempo, 2005.

E é explicável, pois embora fale em *mitsein* (ser com), na realidade ele não consegue pensar a relação com o outro e, consequentemente, escapa-lhe um "Nós" construído a partir das singularidades. Se a força do anonimato surge na transição do "somos e não somos" para o "somos quem somos", onde encontrar a força do anonimato? Ou mais exatamente: quem pode experimentar o poder do anonimato?

A força do anonimato não é algo dado, mas surge quando, justamente, se tem a experiência da força do anonimato. Esse é o enigma. Parece haver uma correlação original entre o "Nós" e a força do anonimato, como se vislumbra no/meu querer viver. Se assim for, o problema de experimentar a força do anonimato desloca-se para o problema da constituição do "Nós". No entanto, o problema não é resolvido, pois ambas as instâncias se referem uma à outra. O "Nós" é quem faz a experiência da força do anonimato, e nessa experiência o "Nós" se constitui. Essa circularidade paradoxal é o que devemos enfrentar. Existem duas maneiras de fazer isso. Entrar nela completamente para domá-la. Nela se entra graças ao homem anônimo[82]. Existe outra possibilidade, e é a que vamos considerar aqui. Esse caminho é mais rápido porque permite encarar a questão da força do anonimato sob uma nova perspectiva. Trata-se de introduzir uma nova dimensão, um nível lógico superior, no qual a contradição desaparece porque o paradoxo se resolve[83]. Em nosso caso, a introdução de uma nova dimensão implica a interrupção da mobilização global.

---

[82] O homem anônimo é uma entrada. Mas acontece que esse caminho não é imediato. É necessário passar pelo desejo de viver que atua como uma ponte entre o individual e o coletivo. Este caminho implica uma genealogia da Vida. Essa genealogia é o que desenvolvi em meu livro *El infinito y la nada* (Bellaterra, 2003).

[83] Ver, por exemplo, IBÁÑEZ, Jesús. *Del algoritmo al sujeto: Perspectivas de la investigación social.* Madrid: Siglo XXI, 2005.

De outra maneira, quando a mobilização global é interrompida, simultaneamente ocorre a vivência da força do anonimato e a constituição do "Nós". Na interrupção não há mais oposição entre ambas as instâncias. Mas não é só isso. Na medida em que a mobilização global é interrompida, o tempo é suspenso e colocado entre parênteses. Então o "Nós" e a força do anonimato criam espaço, se encontram no espaço. Assim surgem os espaços de anonimato. Nos espaços de anonimato, forma-se a correlação original entre "Nós" e a força do anonimato que o querer viver anuncia e carrega em si mesmo.

Os espaços de anonimato surgem quando a mobilização global é interrompida. Quando a mobilização da(s) vida(s) é bloqueada, ocorre um estranho *epokhé*: coloca-se o tempo entre parênteses e forma-se uma lacuna. Assim, para que a brecha se abra, é necessário que um gesto radical – cuja lógica interna é a unilateralização – atue rompendo as relações que a mobilização constrói. Pode-se afirmar, nesse sentido, que qualquer espaço de anonimato é inaugurado com um gesto radical. Mas o gesto radical aparece como algo sem sentido a partir da óptica do poder[84]. Acontece, porém, que esse gesto está fora do âmbito do sentido/não sentido. O gesto radical não pretende opor outro sentido à infinidade de sentidos da multirrealidade, mas se afirma a partir de uma verdade livre de sentido. Essa verdade é o querer viver. Em outras palavras, a verdade do gesto radical, e do que ele é expressão, é o querer viver. Por isso o gesto radical não carrega consigo nenhuma reivindicação ou horizonte e está além da dicotomia esquerda/direita. Com ele começa uma jornada

---

[84] É um "absurdo queimar carros ou proclamar alegremente que nunca teremos casa ("Nunca teremos casa nessa merda de vida"), que é o que proclamava o movimento *V de vivienda*. Ou defender o *Free Money*. Estes são diferentes gestos radicais.

niilista que pode ser resumida na frase: "Ser ninguém para se tornar o que podemos". Na prática, significa que "o social" abandona a forma do sujeito, se afasta dela. Esse processo de nadificação termina no "nós somos quem somos". Com a interrupção da mobilização global, o tempo retrocede. O espaço torna-se espaçamento. Os espaços de anonimato surgem, então, como alargamentos do espaço.

Os espaços de anonimato não estão fora – já que não há fora da mobilização global –, mas são um chamado a se colocar fora. São os espaços exteriores onde a experimentação se torna possível. Por isso deixam para trás a relação entre o próprio e o impróprio. Neles nada há de próprio para recuperar porque não há nada que tenha sido desnaturado ou perdido. A força do anonimato está radicalmente ligada ao "Nós" justamente porque se extingue a lei do próprio. O espaço do anonimato é um espaço sem lugares em que a força do anonimato jamais se localiza, onde o "Nós-outros" [*nosotros*] se constitui em seu se desfazer. O que são então os espaços de anonimato? São tudo e nada. São o ritmo repetido do gesto radical que interrompeu a mobilização global. O ritmo da panela sendo golpeada ao grito de "Não à guerra", a dança que não para, o ritmo que dissolve identidades (imigrantes, autóctones...). O que acontece nos espaços de anonimato? A resposta é simples: o querer viver se torna um desafio. No ser humano anônimo, a ambivalência do querer viver se traduz em ambiguidade política. No espaço do anonimato, a ambivalência, sem se perder, é liberada e direcionada. Mais exatamente: a unilateralização faz da ambivalência um poder, na medida em que a dirige por dentro. Dessa forma, o querer viver passa a ser identificado com o próprio querer viver. Ou, o que é o mesmo, se faz um desafio.

Na interrupção da mobilização global, o "Nós" se constitui e a experiência do anonimato se realiza. É então que "o social" é separado da forma do sujeito. Dependendo do tipo de esvaziamento que a unilateralização induz ou, o que dá no mesmo, dependendo da maneira de separação da forma sujeito, uma modalidade diferente de espaço de anonimato será gerada. Para entender melhor o que foi dito acima, é preciso lembrar que a mobilização global é também uma visibilidade mediada, ou seja, "uma luta para ser vista e ouvida, e uma luta para que os outros sejam vistos e ouvidos"[85]. Essa nova visibilidade configura as lutas políticas como "lutas pela visibilidade". E só se tem sucesso nesse tipo de lutas com a adoção da forma sujeito. Os espaços de anonimato – como modos de separar-se da forma sujeito – são buracos negros porque não entram no jogo da luta pela visibilidade. Nesse sentido, eles se constituem como autênticas distorções da realidade. Existem três tipos de espaços de anonimato, dependendo da forma como se fazem presentes:

1. Sem identificação, que é um presencializar-se expondo-se. Por exemplo: formas de abstencionismo eleitoral ou votos especiais, como depois de 11 de março de 2004, quando Aznar[86] perdeu as eleições.
2. Por contraidentificação, que é um presencializar-se opondo-se. Por exemplo: greves que envolvem toda

---

[85] THOMPSON, John B. La nueva visibilidad. *Papers*, n. 78, 2005, p. 11-29.

[86] N. d. E.: Com intuito de obter vantagem nas eleições que iriam ocorrer em 14 de março de 2004, o mandatário em exercício na Espanha à época, José María Aznar, manipulou os fatos ocorridos em um atentado à bomba no metrô de Madrid, que provocou a morte de duzentas pessoas e deixou outras centenas feridas.

a população, como na Argentina em 2001[87] com seu "*Que se vayan todos*".

3. Pela desidentificação, que é presencializar-se escondendo-se. Por exemplo: incêndios de automóveis na periferia de cidades francesas. Ou o movimento habitacional *V de vivienda*[88] em seus estágios iniciais.

Os espaços de anonimato são, em suma, presencializações ou visibilizações não mediadas. Por isso, é um erro cair em uma alta compartimentação que exagera as diferenças. Embora o contrário também seja verdadeiro, ou seja, fingir uma unificação hipotética. Os espaços de anonimato nada mais são do que as diferentes formalizações da força do anonimato.

A força do anonimato não é uma força corrente. Nem se identifica nem é identificadora. Anonimato vem do grego "anônimo" que consiste na negação "an" e "onomato", que significa nome. Anônimo, portanto, significa "sem nome". A força do anonimato é anônima porque ninguém pode nomeá-la. E não pode porque: 1) o nome é sempre esvaziado; 2) o nome (a marca) é subvertido com um nome falso. Esse personagem anônimo ainda é, no entanto, superficial, pois não é um afeto da própria força. Pode-se dizer que a força do anonimato é anônima porque nenhuma outra força a define. Deve ser lembrado que toda força forma um par com outra força. Assim, há duas

---

[87] N. d. E.: Em dezembro de 2001, a Argentina, enfrentava uma crise política, econômica, social e institucional, que já vinha de anos anteriores, o que promoveu uma revolta popular abaixo do lema "que se vayan todos". O então presidente, Fernando de la Rúa, foi obrigado a renunciar ao cargo e durante os protestos, 39 manifestantes foram assassinados por agentes de segurança do Estado.

[88] N. d. E.: *V de vivienda* é uma comunidade, na Espanha, que opera independente de qualquer partido, organização ou mídia, atuando desde 2006 de maneira horizontal e servindo de canal de organização de manifestações populares em torno de questões luta por moradia.

formas de definir uma força: 1) em relação a outra força, pois o Outro define o Mesmo; 2) em relação a si mesma, e só depois, em referência a uma segunda força. A força do anonimato não se define de nenhuma das duas maneiras porque não forma um par com força alguma. E, entretanto, não existe sozinha e isolada, o que significaria seu apagamento enquanto força. A força do anonimato não se define porque ela se autocoloca.

A autocolocação da força do anonimato requer, para ser eficaz, uma força oposta. Essa força oposta é a força motriz que põe em movimento a mobilização global. A força motriz é constituída por essas marcas que somos e pela própria aspiração de sermos marcas. Pelo movimento desses centros de relações que cada um de nós se tornou. A força motriz – que surge do duplo processo de redução da ambivalência – nada mais é do que uma forma degradada da força do anonimato. Mas a força motriz é o que realmente alimenta a mobilização global. Poderia-se afirmar paradoxalmente que mesmo não sendo verdadeiramente anônima, isso não significa que tenha nomes. Não ter nomes significa que é uma forma perversa de anonimato, uma forma de anonimato que trabalha para o capital. A força do anonimato e a força da impulsão não formam, portanto, um par de forças, não constituem uma dualidade.

Mais do que isso: só a força do anonimato é uma força autêntica. Porque o verdadeiro caráter de uma força não é se expandir, mas se retrair. O corredor que quer vencer deve primeiro dobrar-se sobre si mesmo, como se fosse uma mola. A força do anonimato, justamente por ser anônima, está recolhida em si. É um retorno a si mesmo. No anonimato vive aquela reflexividade necessária para poder se abrir como uma força anônima. Por outro lado, a força impulsiva é um desdobramento de si mesma, uma expansão que mobiliza a mobilização global. A força do anonimato é um fundo escuro, é *Grund*[89]. Uma força obscura que, uma vez derrotada pela força impulsiva – lembremo-nos que esta nada mais é do que outra face de uma única força –, irá corroê-la a partir de seu interior. A força do anonimato se vinga cravando os espaços de anonimato, ou seja, abrindo buracos negros na realidade que a mobilização global produz. A força do anonimato avança empurrando a força motriz, e se individua nos espaços de anonimato. Com o que, sob um novo aspecto, encontramos a mesma relação que já descrevemos entre o querer viver e o ser[90].

A força do anonimato não remete a uma ontologia do excesso, mas da ambivalência. A ambivalência é o fundo comum (*Urgrund*) da força do anonimato e da força motriz. Na primeira, a ambivalência não é reduzida; na segunda, é reduzida. Mas se a força do anonimato é essencialmente ambivalente – porque é expressão de um querer viver, porque nada a define – como pode se autocolocar? Essa pergunta é fundamental pois, sem essa autocolocação, o querer viver jamais se tornaria um desafio nos espaços de anonimato.

O problema político fundamental com que nos deparamos é a necessidade de analisar a estrutura interna da força do anonimato ou, que é dizer o mesmo, a relação entre a força do anonimato e os espaços de anonimato. Porque não é um dualismo do mesmo tipo que existe entre o virtual e o real. Seria tentador basear-se nessa dicotomia que Deleuze tão bem explicou em sua abordagem do acontecimento[91]. Acontece, porém, que a elaboração deleuziana exige que não haja comunicação entre

---

[89] O termo é de Schelling. Seu livro *Die Weltalter* (As idades do mundo) está por trás desta reflexão.

[90] O querer viver pode se expandir – e isso é viver – porque impulsiona o ser. Cf. *El infinito y la nada* (Bellaterra, 2003).

[91] DELEUZE, Gilles. *Lógica do sentido*. São Paulo: Perspectiva, 2009.

o atual e o virtual. O que tem existência virtual é atualizado, mas as duas regiões nunca são conectadas. Essa abordagem serve para separar o possível do virtual e explicar bem o fato da proliferação. Mas não estamos interessados nessa questão. O que temos que explicar é algo muito diferente: temos que dar conta da estranha forma de individuação da força do anonimato, cujo resultado são os espaços de anonimato. Chamamos de estranha porque não é consequência de uma negação nem de uma afirmação. Ou seja, não segue o caminho dialético aberto por Hegel nem a pura afirmação da potência que Spinoza defende. A individuação ocorre como uma determinação em relação a um fundo escuro. Por isso, nos espaços de anonimato, persiste a escuridão de seu fundamento. Isso só é possível se houver comunicação entre as duas instâncias, entre a força do anonimato e os espaços de anonimato. Que haja comunicação significa que, nos espaços de anonimato, a ambivalência liberada é direcionada por dentro graças à unilateralização. Os espaços de anonimato permanecem ligados "à" ambivalência e persistem "na" ambivalência, mas neles a ambivalência já pode atuar como potência. Entretanto, a potência da ambivalência, justamente por estar ligada a esse fundo escuro, não pode ser constitutiva. O poder que vive nos espaços de anonimato é antes uma potência destituinte ou de dissolução da realidade.

> 24. *A força do anonimato não reside em seu expandir--se, mas em seu dobrar-se sobre si mesma. Justamente por isso, se faz necessário falar de uma interioridade comum. A interioridade comum não é, entretanto, um espaço interior a se descobrir, uma verdade a desvelar. A interioridade comum é tensão, o autodinamismo do que é inacabado, o formalismo do querer viver. Por isso, nosso objetivo não deve ser desvelar a interioridade*

comum como se se tratasse de algo oculto, mas ativar o formalismo. Ativá-lo para poder nos reinventarmos como seres anônimos no interior de um "Nós".

A análise da estrutura da força do anonimato nos mostra que essa força persiste nos espaços de anonimato, assim como a causa em seus efeitos. Falta, contudo, uma explicação. Vimos que a força do anonimato se recolhe e, em seu recolher-se, se abre nos espaços de anonimato. Estudamos a relação que surge então. Mas nesse retorno para si, nesse recolher-se: ao que retorna a força do anonimato? Em que se recolhe a força do anonimato? Achamos que aqui se faz necessário introduzir o conceito de interioridade comum. A interioridade comum é a força do anonimato dirigida para si mesma. Se a marca (comercial) que somos na mobilização global implica pura exterioridade e exposição total, a interioridade comum é, pelo contrário, a opacidade resistente do que se esconde.

A interioridade comum é uma categoria problemática porque, sendo o mais próprio – a interioridade é minha interioridade –, ao mesmo tempo é algo exterior que compartilho. Esse caráter paradoxal faz da interioridade comum um lugar de resistência e criatividade. Em certa medida, com essa abordagem não fazemos nada além de retomar, sob novas condições históricas, a equivalência entre força do anonimato e força da espontaneidade.

Para poder pensar a interioridade comum enquanto um lugar de resistência e de criatividade, devemos começar por esclarecer que a interioridade comum não é um espaço interior. Agostinho foi quem melhor formulou o modelo religioso que opera nessa interioridade: o retorno a mim mesmo me coloca diante de Deus. Ou, o que é o mesmo, posso ser um "Eu", porque Deus é um "Tu" para mim. O espaço interior é um espaço de medo e humilhação porque significa admitir que a minha vida é julgada por Deus, o que em última análise me coloca perante a alternativa salvação/colapso. Certamente, o paradoxo está em vigor nesse modelo religioso, e Kierkegaard o expressará repetidamente: a existência se afunda e se aprofunda em si mesma – chegando no mais fundo da imanência da interioridade –, na transcendência absoluta. No entanto, o paradoxo que aqui opera, "da existência à transcendência passado pela decisão de ser si mesmo", não converte a interioridade em resistência comum. No espaço interior estou eu, absolutamente sozinho, diante de Deus.

Lutero tira as consequências políticas dessa relação interior com a transcendência. O espaço do medo será o autêntico fundamento da obediência política, já que no mundo não há verdadeiras autoridades. Hobbes, diferentemente, sustenta que tal relação interior é privada e despolitizada; portanto, o fundamento da obediência deve repousar sobre uma transformação racional puramente exterior.

A relação imanência/transcendência pode funcionar fora de um espaço do medo. É o que ocorre quando o querer viver se torna formalismo e atua enquanto formalismo.

O querer viver é sempre meu. Eu sou meu querer viver. E, todavia, compartilho o querer viver, já que ele é imanente à relação com o outro. Dessa maneira, o querer viver, sendo meu, de certa forma me possui. Assim como também me possui porque querer viver geralmente não implica uma decisão (D) à minha disposição. Não decido a cada instante que quero viver. Vivo. Por isso viver é, simplesmente, a expansão do querer viver. Por outro lado, quando o ser ameaça o querer viver – quando o medo ou o cansaço tomam conta de nós –, então o querer viver se torna uma decisão (D).

O querer viver não existe isolado e suspenso no ar. Querer viver funciona dentro da máquina formal da existência (MFE). Mais exatamente: o querer viver é constituído por essa máquina e seus dois pontos de apoio: o si mesmo e o "Eu", ou identidade pessoal. Querer viver é, em última análise, a tríade formada por: si mesmo-MFE-Eu. Viver se confunde com o funcionamento dessa tríade, com o seu movimento interno. O resultado é que o querer viver, vivendo, escreve o texto da vida. A vida, ou seja, as vidas que estão na vida.

Se fizermos uma análise fenomenológica do que significa viver, veremos que a máquina formal da existência (MFE) é composta por três operadores. São eles: 1) o operador de construção da constelação (palavras-corpos-coisas); 2) o operador de abertura de vidas paralelas; 3) o operador de fixação das vidas. O primeiro operador se encarrega de abrir cada vida, ou seja, uma constelação de palavras, corpos e coisas que permite afirmar o verbo querer viver como conjugado. O segundo operador, multiplica as vidas que podem ou não ser vividas. Finalmente, o terceiro operador consolida as vidas em uma vida que é a minha. Ele faz isso fixando as constelações por estratificação. O querer viver produz vida(s) como o contar produz números. Isso é viver.

A máquina formal da existência (MFE) se autoproduz como a tríade da qual já falamos. Podemos encarar a explicação a partir das operações de abertura e de fechamento. A máquina formal da existência (MFE) tem que se abrir, e o faz pelo "Eu" ou identidade pessoal. Mas ela só pode ser verdadeiramente aberta sob a condição de se fechar. O si mesmo é por onde se fecha.

Querer viver é um verdadeiro paradoxo. Por um lado, refere-se à decisão "quero viver" (D) e, portanto, a quem a pronuncia. Nesse sentido, trata-se do meu querer viver. Por outro lado, querer viver também se refere a uma ausência de decisão (não-D) da qual sou dependente e na qual a forma anônima do querer viver me coloca em relação com o "Tu", o "Ele", etc. Agora, querer viver aponta para o querer viver. Assim, o paradoxo constitutivo é formado por uma decisão e uma ausência de decisão: D/não-D. O si mesmo, o que sou, é como articulo o D e o não-D, como recomponho esse paradoxo existencial. O si mesmo é o meu segredo que ninguém pode espiar, e eu menos ainda. Por quê? Porque a decisão de querer viver não se deduz de nada, já que se afunda para além das emoções, das paixões... O si mesmo é a morada do querer viver, o que me singulariza. Diz se um dia serei vencido.

O "Eu", ou a identidade pessoal, deve ser entendido como o resíduo ficcional do funcionamento da máquina formal da existência (MFE). Ficcional significa que esse lugar vazio, ocupado pelo "eu vivo", permite organizar as diferentes identidades contingentes (cidadão, trabalhador...), dando um percurso à vida. Graças ao "Eu", as múltiplas vidas que abrimos – com suas correspondentes mortes – perdem seu caráter de irrupção e ruptura. O "Eu" reescreve o texto da vida, separando o próprio e o estranho. Mas a dualidade "mundo do ser" e "mundo da aparência" é demasiado simples. Nem o "si mesmo" pertence ao "mundo do ser" nem o "Eu" ao da aparência. O máximo que se pode afirmar é que se o "Eu" é o lugar de uma certa unidade, o "Eu" é o lugar da divisão. Divisão entre passividade e atividade, entre possibilidade e realidade. O "Eu" nos abre para o mundo e nele nos encerra.

A introdução da máquina formal da existência (MFE) permite encarar de um modo muito mais preciso o que ocorre quando nossa vida é sacudida. Em 11 de março de 2004, em Madrid, milhares de pessoas foram de trem para o trabalho. De repente, a morte apareceu sob a forma de um ataque terrorista. Que a nossa vida seja abalada significa, então, que o golpe do vazio nos deixa diante de questões essenciais que normalmente nos recusamos a fazer: de que adianta ir trabalhar se posso morrer a qualquer momento? Que sentido tem a própria vida? Por que o vazio parece me libertar? Demos o exemplo de um ataque, mas poderíamos dar muitos exemplos menos traumáticos: um encontro com um livro ou uma música, uma viagem de metrô na cidade... Acontece sempre a mesma coisa. Nossa vida abalada, vacila. É fácil explicar por quê. Quando há uma perturbação no texto da vida, e toda perturbação verdadeira é interna, o si mesmo é colocado entre parênteses, o que significa que o querer viver não resolve o paradoxo que o constitui. Por seu lado, o "Eu" ou identidade pessoal – que é a nossa forma de nos envolvermos na mobilização total da vida – é desestabilizado. Com a crise, nossa vontade de viver vacila: o que era instável se estabiliza e o que era estável se desestabiliza. A máquina formal da existência (MFE), por sua vez, agora separada tanto do si mesmo quanto do "Eu", para.. Assim, vacilar significa que viver se confunde com a impossibilidade de viver. E isso porque não somos capazes de abrir novas vidas, nem de levá-las até o fim ou consolidá-las. Hoje, politizar-se é vacilar. Mas nem toda vacilação implica uma politização.

    Não estamos interessados na análise das vacilações em geral. Interessa-nos, sobretudo, a vida que é abalada pelo gesto radical. "Estar dentro do gesto radical repetido" supõe a expulsão absoluta do medo. Juntos, repetindo juntos o gesto radical, perdemos o medo. O gesto radical, na sua repetição, leva-nos assim à angústia, mas, paradoxalmente, também nos retira dela. A relação imanência/transcendência é então completamente reformulada: o regresso a si é, ao mesmo tempo, um arrancar-se para fora de si. Esse arrancar-se de si mesmo é um processo de desenraizamento e supressão do medo que nada tem a ver com o anterior "retorno a si mesmo". Finalmente chegamos à interioridade comum. A interioridade comum começa com a não escolha. Escolhe-se não escolher a si mesmo. A vida, então, pode ser reinventada a cada momento, desde que não esteja amarrada. Mas essa reinvenção contínua de nós mesmos não se materializa em um carnaval. O carnaval é, no fundo, muito pouco subversivo. O festival das diferenças realiza perfeitamente o capitalismo. Já a reinvenção abre as portas para uma celebração do anonimato, que é algo totalmente diferente. E é assim porque agora o meu querer viver aponta para o querer viver. A partir daqui podemos falar de interioridade comum. Arrancar-se fora de si nos dá, mesmo que escondido, um espaço de interioridade que expulsou o medo e que compartilhamos com os outros. O gesto radical repetido como potência de esvaziamento que é, limpou o espaço interior da transcendência. No final, resta apenas a máquina formal da existência (MFE) operando no vácuo.

A interioridade comum não é o próprio querer viver, mas a tensão da passagem do meu querer viver ao querer viver. É o (auto)dinamismo nunca concluído em que se constitui o desejo de viver. Ser politizado é, nesse sentido, não caber nessa sociedade, por mais que se esforce. Ser politizado é ser estrangeiro entre estrangeiros. A interioridade comum nunca está de acordo com a vida. A sua existência é puro não encaixe multiplicado pela cumplicidade daqueles que são nossos iguais. O resultado, é claro, consiste na reescrita de um texto de vida diferente que não é mais centrado no "Eu".

A interioridade comum é o formalismo de cada querer viver funcionando acoplados.

A interioridade comum é um espaço transcendental sem sujeito formado pelas distintas máquinas formais da existência (MFE) acopladas entre si.

A interioridade comum não é uma essência para se preservar nem uma verdade a se descobrir. É um mecanismo – um perseverar no querer viver – que precisa ser desencadeado. A interioridade comum é, portanto, o segredo da força do anonimato, sempre que se entenda por "secreto" não algo a se desvelar, mas um formalismo que se ativa.

A interioridade comum é lugar de resistência e criatividade. Na verdade, seria mais correto dizer que é um não-lugar, pois ninguém pode ocupá-lo nem ninguém pode falar em seu nome. Não sabemos o que pode fazer a interioridade comum. Só sabemos que é um não saber que afunda certezas e hierarquias. O que é uma força expressiva? Todos os nossos esforços devem ser dirigidos para expressar a interioridade comum, para criar as condições que permitam que isso aconteça. Ao contrário, o que o poder busca é sufocar a interioridade comum. Afogá-la mediante imagens, música, movimento... As estratégias são múltiplas, embora o objetivo do poder seja sempre o mesmo: desativar a força do anonimato. Estabelecer-nos como um público. O público, que é sempre efeito de algum dispositivo de poder, se define justamente por não ter uma interioridade comum. O público pode ter sentimentos, ficar excitado... mas a interioridade comum do público foi arrancada.

Nós acreditamos na interioridade comum porque só acreditamos no que nos faz viver.

XI. Por uma política noturna

> 25. *Uma política noturna é aquela que rompeu com as categorias políticas da modernidade, especialmente com a noção de espaço político ou espaço de aparência, cujas origens remontam à pólis grega. Em vez disso, a política noturna emprega a sequência interioridade comum/força do anonimato/espaços de anonimato. Seu objetivo é que o mal-estar social seja politizado, que a força do anonimato possa ser expressa. Mas essa expressão não deve ser confundida com sua representação. A força do anonimato, por sua própria essência, evita e destrói todas as formas de representação. Assim, inaugura-se uma nova política, que busca impor uma terra de ninguém, e que tenta construir uma gramática de gestos radicais. Uma política noturna que, por não ter horizonte, é imparável.*

A conclusão já foi anunciada. A única forma de interromper e sabotar a mobilização global, quando os grandes sujeitos históricos foram desarticulados, é partir de nós mesmos, do nosso próprio querer viver. Do mal-estar que o querer viver quer se libertar, mas não pode fazê-lo. Por isso, a política noturna é, antes de tudo, uma política do querer viver. Uma política que tem sempre essa dupla dimensão pessoal e coletiva inscrita no próprio termo "querer viver". Tal política se baseia em uma ontologia de ambivalência. Aqui é necessário um esclarecimento. Não se trata da ambivalência entendida em um sentido sociológico, o que seria um simples sinônimo de ambiguidade. Esse uso do conceito de ambivalência é totalmente inconsistente. A ambivalência é um conceito potente quando se contempla como a "união" do infinito e do nada, como um jogo contraposto de dinâmicas expansivas e niilizadoras. Pode afirmar-se, com certeza, que a característica mais importante de uma política noturna é conjugar a "afirmação de querer viver" e a "radicalização do niilismo", embora sabendo sempre que o niilismo, por não atingir o fundo do poço, nunca poderá produzir sua inversão.

A política noturna não se reduz a uma variante do niilismo ativo porque a distinção ativo/passivo não é aplicável à força do anonimato e, menos ainda, ao querer viver.

A política noturna se situa em uma época pós-política, o que determina o caráter da politização promovida. Formulada em forma de teses, seria: 1) nada é político, mas tudo é politizável; 2) a politização é, entretanto, apolítica. Essa politização sem espaço político, que gera um curto circuito na dualidade direita/esquerda, é a do mal-estar social.

Passamos a definir três relações distintas com o anonimato: 1) vivenciar o anonimato (corresponde à figura social do homem anônimo); 2) vivenciar o poder do anonimato (corresponde à abertura de espaços anônimos); 3) tornar nossa a experiência de poder do anonimato. A política noturna intervém na terceira relação, e o faz respondendo afirmativamente: é possível tornar nossa a experiência da força do anonimato. A política noturna se baseia, então, na decisão de forçar a força do anonimato e não simplesmente em ficar esperando. Mas essa decisão não é incongruente, até mesmo impossível? Em princípio, o objetivo da política noturna é desdobrar a sequência a que chegamos: interioridade comum/força do anonimato/espaços de anonimato. Ocorre que essa sequência, na verdade, não é bem assim, e o modelo expressivo não funciona. Nem a força do anonimato é a expressão de uma interioridade comum, nem os espaços de anonimato são a expressão da força do anonimato, e sim uma estranha determinação. É por isso que afirmamos que não é uma sequência autêntica. Ao contrário, o que acontece é que a força do anonimato olha para trás (a interioridade comum) e para a frente (os espaços de anonimato). Como então resolver o vínculo entre a decisão e a força do anonimato? Essa ligação, como dissemos, tem duas faces, pois a força do anonimato olha, por um lado, para a interioridade comum e, por outro, para os espaços de anonimato. No primeiro caso, a formulação a que chegaremos será "conectar-se com a interioridade comum para que se reflita a força do anonimato"; no segundo, estará "abrindo espaços de anonimato por meio da repetição do gesto radical". Em ambos os casos – que são complementares – há uma decisão de querer promover a força do anonimato. Mas colocar em relação a força do anonimato e a decisão não significa cair no velho modelo leninista. A liderança política que Lenin defendia – o partido no poder – caracterizava-se pela sua exterioridade e pela sua permanência. Esse tipo de liderança política é absolutamente desautorizada pela força do anonimato, que é precisamente a força que se caracteriza por desconstruir qualquer forma de hierarquia ou poder externo. Dessa maneira, promover a força do anonimato nada tem a ver com querer dirigi-lo, mas compartilhá-lo. Promover a força do anonimato, torná-lo nosso na medida em que também nos tornamos anónimos, partilhá-lo. No interior do anonimato da força do anonimato.

"Conectar-se com a interioridade comum para que possa se formar a força do anonimato" é a primeira tarefa da política noturna. Conectar-se com a interioridade comum não é um processo de busca interna que acabaria reforçando o "Eu", mas, ao contrário, é a criação das condições necessárias para que a força do anonimato possa sair de si mesmo. Criar as condições necessárias tem uma formulação clássica: "Construir uma situação". Foram os situacionistas que levaram mais longe essas propostas. Além da polêmica inicial entre uma concepção técnica ligada à arquitetura e uma concepção mais inscrita na luta de classes, o certo é que o conceito de situação será progressivamente lapidado, porém não alcançará estatuto definitivo. Além disso, a "construção de situações" acabará por ser substituída pela autogestão, pelo conselhismo, etc., na medida em que a Internacional Situacionista se aproximava das posições políticas próprias da esquerda comunista. A "situação construída" quer preencher a lacuna que existe entre o presente criticado e a futura mudança revolucionária. A "situação construída" não funciona como uma mera ponte, mas o faz restaurando a unidade entre teoria e práxis no contexto de uma teoria da autoemancipação, ou seja, contra uma concepção dirigista. Recordemo-nos da conhecida terceira tese de Marx sobre Feuerbach[92]. Acontece, porém, que determinar a "situação construída" como um conceito crítico não será fácil. Primeiramente, a situação construída será definida como uma unidade espaço-temporal da vida. Mais adiante se dirá que é uma unidade de comportamento que conduz para além do estado atual das coisas, que é um caminho de crítica radical e, por fim, que é um jogo superior que prefigura uma outra vida. Não entraremos em detalhes. Nosso interesse reside apenas em destacar que as sucessivas determinações não livram o conceito de situação construída de ambiguidades. Certamente, a situação construída é sempre "passagem noroeste na geografia da verdadeira vida", a chave que abre a porta para uma

---

[92] "A doutrina materialista que quer que os homens sejam o produto das circunstâncias e educação esquece que são precisamente os homens que transformam as circunstâncias, e que o próprio educador precisa ser educado". MARX, Karl e ENGELS, Friedrich. *A ideologia alemã*. São Paulo: Boitempo, 2015.

outra vida, mas esse conceito, dada a impossibilidade de ser especificado, será, como já dissemos, finalmente abandonado. Pensamos que o conceito de situação construída pode desempenhar um papel muito importante em uma política noturna, embora deva ser completamente reformulado para tanto A situação construída é devedora da dualidade vida/morte e, em geral, toda a abordagem situacionista se funda em uma crítica à vida cotidiana a partir de uma outra vida (mais autêntica, mais verdadeira, etc.). Hoje, sabemos que a crítica da vida cotidiana é insuficiente e que precisa se reelaborar como crítica à própria vida, dado que a vida mesma se converteu em nossa prisão. Essa nova perspectiva – que coloca no centro a mobilização global – nos permite retomar o antigo conceito e despojá-lo de toda sua ambiguidade. A situação construída definiu uma linha de fronteira: para além dela, esta arte e esta vida que conhecemos já não existem. Nela – e além dela – saímos da passividade generalizada do espetáculo para nos tornarmos verdadeiros sujeitos. Na situação construída não havia niilismo, mas negação. Lembremo-nos do slogan "Construa para si mesmo uma situação sem futuro". A situação construída não tinha futuro simplesmente porque era um lugar de passagem, não porque estivesse infectada pelo niilismo. Com o colapso do projeto revolucionário, é possível pensar a situação construída a partir do seu não-futuro mais radical. Dentro da mobilização global – que produz a vida e se confunde com a vida –, construir uma situação é impor uma terra de ninguém. A situação construída, como terra de ninguém, já não prefigura nenhuma outra vida, mas pode ser um lugar para experimentar novas formas de resistência.

A terra de ninguém se define como um território desocupado que, na frente de combate que é a vida, separa as primeiras linhas em relação aos exércitos inimigos: a força motriz e a força do anonimato. Mas essa separação é ilusória, já que somos, de uma só vez, uma e outra força. Por isso devemos deixar bem claro que a frente de combate nos atravessa, que não é uma linha que está ali na nossa frente. Assim, impor uma terra de ninguém é sempre o resultado de um esvaziamento. Nós nos esvaziamos do que somos, nos livramos de nós mesmos, quando iniciamos uma jornada de niilismo. São inúmeras as portas por onde começa uma viagem niilista: resistir sem esperar nada, não há nada a fazer... Recentemente, um menino grego com os bolsos cheios de pedras afirmou: "Não temos nada a perder. O que importa o que queremos?". Com essas frases e muitas outras ainda por inventar, começa uma travessia do niilismo e já se anuncia uma terra de ninguém.

Levamos dentro a terra de ninguém que impomos à realidade. Impor uma terra de ninguém onde experimentar com nosso querer viver.

Impor uma terra de ninguém onde possa emergir o mal-estar social. É isso o que queremos.

A terra de ninguém é uma situação construída que, por manter estreita relação com o niilismo, se define sem ambiguidades. Essa determinação deve ser mais precisa. A terra de ninguém é onde o desejo de viver e o niilismo se encontram em suas expressões máximas. Por isso, a terra de ninguém pode ser um verdadeiro lugar de experimentação. Mas é mais. Justamente por manter essa relação especial com o niilismo, a força do anonimato também encontra na terra de ninguém um campo fértil onde pode se expressar. Na força do anonimato há um niilismo essencial que emerge da própria natureza dessa força – sendo a radicalização de uma impotência – que permite que a interioridade comum se encontre na terra de ninguém como se estivesse em casa. Em uma terra de ninguém que se abriu em Barcelona, inventou-se a frase: "Você não vai ter uma puta casa na vida". Essa frase politicamente incorreta, que qualquer militante teria rejeitado, conectou-se, no entanto, com a interioridade comum. Vinte mil pessoas foram às ruas, em duas ocasiões, para expressar sua concordância com ela. Essa frase disse o que todos nós sentimos e pensamos.

Impor uma terra de ninguém: liberar a vida contra a vida.

Uma terra de ninguém não é ainda um furo na realidade. É necessário que a resistência seja também um criar.

Uma terra de ninguém não é um espaço do anonimato. Os espaços de anonimato são a criação de um gesto radical que se repete e, em seu repetir-se, se territorializa. Mas essa territorialização não é nada mais do que um momento provisório, já que o espaço do anonimato – dado que funciona por contágio – tende sempre a se desterritorializar, ou seja, a sair fora de si e a se expandir.

A terra de ninguém é uma situação construída. O espaço do anonimato não tem essa origem e, no entanto, existe uma relação entre ambos. A terra de ninguém, na medida em que se conecta com a interioridade comum, permite que a força do anonimato se manifeste. Portanto, pode-se dizer que a terra de ninguém é uma ponte para o espaço do anonimato. E talvez – mas ainda não sabemos nada sobre isso – a própria terra de ninguém seja o substrato que liga os diferentes espaços de anonimato.

Se o movimento de resistência global teve sucesso – e por isso foi atacado até o assassinato – não é porque defendeu que "outro mundo é possível", mas porque seu gesto ("Esta cúpula não vai acontecer") em sua materialização e expansão tornaram o poder simplesmente ridículo.

Um jornalista iraquiano jogou seus sapatos em Bush durante uma coletiva de imprensa com o presidente americano. Esse simples gesto é lido como um extraordinário ato de desafio. Milhares de pessoas saem às ruas imitando o valente jornalista, mas agora contra as forças de ocupação.

O gesto radical não deve ser pensado como uma simples provocação, pois se esgota imediatamente e não consegue gerar nenhum espaço de anonimato. Certamente será sempre uma sabotagem da realidade, mas a sua forma não é a da transgressão, que no fundo reforça o limite que quer ultrapassar, embora também não tenha a forma da pura negação.

O gesto radical integra-se no que seria uma gramática dos gestos radicais. Uma gramática é um modo de uso, as indicações necessárias para que a interrupção ocorra. É uma tarefa urgente construir essa gramática, embora isso ainda não seja suficiente. Todos os nossos esforços devem ser direcionados para tornar o gesto radical independente do próprio evento que traduz a sua aparição. A chave é insistir em seu repetir-se.

O gesto radical, que se repete, não ilumina nem desperta: atua no corpo a corpo. A sua força reside no fato de não pretender explicar nada e, por isso, não se enredar nas redes do poder. Basta-se a si mesmo. E, no entanto, a grande questão sempre será: como tornar permanente um espaço de anonimato? Acreditamos que a autonomia – as formas de auto-organização, entendidas tanto como momentos de resistência quanto de criatividade – podem dar consistência a espaços de anonimato.

Tentamos vincular a decisão à força do anonimato. Esse vínculo se torna concreto na medida em que a autonomia se define como uma prática autônoma sem sujeito. Isso é o que nos aparece hoje: do *zapatismo* ao *V de Vivienda*, do movimento de ocupação às lutas contra a precariedade. Parece que o mal-estar social, quando se expressa, é auto-organizado. E, no entanto, as lutas não se somam. Acontece quase como se fossem imensuráveis, como imensuráveis são os espaços de anonimato gerados. A prática autônoma hoje não tem sujeito, no sentido de que não pertence a ninguém, mas apenas à força anônima que percorre todos nós. Poderíamos afirmar que a autonomia é também um gesto (radical) que se repete e que "está à disposição" de todos os que queiram lutar. Esse "estar disponível" é o que permite enfrentar o problema da permanência. A autonomia permanece assim, o que sempre foi: invenção radical de novas formas de vida e de resistência. Mas ocorre que, em nossa época, essa invenção não é mais produzida sob o vetor do tempo, e sim sob o vetor do espaço. O social (e seu mal-estar) se mostram quando a mobilização global é bloqueada, quando se coloca o tempo entre parênteses. Quando "o social" se espacializa como um espaço do anonimato. Os espaços de anonimato são buracos negros na multirrealidade. Na verdade, não sabemos o que pode um espaço de anonimato. O que é evidente é que todo espaço de anonimato deverá reinventar a autonomia. Essa invenção, que somente agora vislumbramos, é o que temos chamado de "prática sem sujeito"[93].

Terras de ninguém, espaços de anonimato, interioridade comum são as armas de uma política noturna cujo objetivo é único e sempre o mesmo: atacar a realidade. Atacar a realidade para poder respirar.

---

[93] Espai en Blanc (coord.). *Luchas autónomas en los setenta*. Del antagonismo obrero al malestar social. Madrid: Traficante de sueños, 2008.

Santiago López Petit é um químico e filósofo catalão. Sua filosofia é apresentada como uma crítica radical ao presente e traz para o jogo diversos conceitos – ferramentas – para tramar uma política da noite. Publicou, entre outros livros, *Entre el ser y el poder*, *La movilización global* e *Hijos de la noche*. É uma das forças motrizes por trás do coletivo *Espai en Blanc* e de iniciativas como *Dinero Gratis*. Coordenou o projeto *Lutas autônomas na Espanha* e colaborou no filme *El taxista ful*. *Breve tratado para atacar a realidade*, publicado no primeiro semestre de 2023 pela sobinfluencia edições, é o primeiro livro do autor traduzido para o português.

© sobinfluencia para a presente edição

COORDENAÇÃO EDITORIAL
Fabiana Vieira Gibim, Rodrigo Corrêa e Alex Peguinelli

TRADUÇÃO
Cian Barboa

PREPARAÇÃO
Alex Peguinelli e Fabiana Vieira Gibim

REVISÃO
Andityas Matos

PROJETO GRÁFICO
Rodrigo Corrêa

Dados Internacionais de Catalogação na Publicação (CIP)
de acordo com ISBD

P489b Petit, Santiago López
  Breve tratado para atacar a realidade / Santiago López Petit ; traduzido por Cian Barbosa. - São Paulo : sobinfluencia edições, 2023.
  160 p. : 13cm x 21cm.

  Inclui bibliografia.
  ISBN: 978-65-84744-24-0
  1. Filosofia. 2. Política. 4. Neoliberalismo. I. Barbosa, Cian. II. Título.

2023-1829   CDD 100
CDU 1

Elaborado por Odilio Hilario Moreira Junior - CRB-8/9949

Índice para catálogo sistemático:
1. Filosofia 100
2. Filosofia 1

---

sobinfluencia.com

Este livro é composto pelas fontes minion pro e neue
haas grotesk display pro e foi impresso pela Graphium
no papel lux cream 70g, com uma tiragem
de 500 exemplares